Stephan Elsemann

Gaumenschmaus & Rachenputzer

Liebenswerte Kneiper, Cafés & Restaurants in Freiburg

Alle Angaben der Adressen und Informationen wurden nach bestem Wissen und mit Sorgfalt erstellt. Verlag und Autor können jedoch keine Garantie für ihre Richtigkeit geben und übernehmen auch keine Haftung für etwaige Unstimmigkeiten.
Hinweise und Empfehlungen erheben keinen Anspruch auf Vollständigkeit.
Wenn Sie Ergänzungs- und Berichtigungsvorschläge haben, freuen wir uns über Ihre Hinweise.
Redaktionsschluss: Juli 2015.

Cover-Fotomotiv: Heldenbude

© 2015. Rombach Verlag KG, Freiburg i.Br./Berlin/Wien
1. Auflage. Alle Rechte vorbehalten
Satz: Stephan Elsemann; Bärbel Engler, Rombach Verlag KG, Freiburg i.Br./Berlin/Wien
Fotos: © Stephan Elsemann
Herstellung: Poppen & Ortmann KG, Freiburg i.Br.
Printed in Germany
ISBN 978-3-7930-5123-7

Stephan Elsemann

Gaumenschmaus & Rachenputzer

Liebenswerte Kneipen, Cafés
& Restaurants in Freiburg

Inhaltsverzeichnis

Der Norden 41

Der Osten 53

Der Süden 69

Der Westen 93

Kleine Fluchten 113

Mit Leidenschaft & Charisma

Ein Buch über außergewöhnliche Freiburger Restaurants, Kneipen und Cafés – wie kann das aussehen? Der Titel ‚Gaumenschmaus & Rachenputzer' deutet es an. Mit Gaumenschmaus sind Lokale gemeint, wo der kulinarische Genuss im Vordergrund steht, wo es etwas besonders Gutes zu essen gibt oder etwas Ungewöhnliches, das man nirgendwo anders bekommt. Es sind Cafés und Kneipen abseits des allzu Gewohnten – mit außergewöhnlichem Ambiente. Dort treffen sich Polizisten und Theaterleute beim Mittagstisch, streiten die Gäste um den einzig wahren Kartoffelsalat oder entdecken die Vorzüge des Filterkaffees neu.

Der Rachenputzer ist ein Schnaps, der scharf und rau durch die Kehle rinnt. Des beleuchtet die andere, die charaktervolle und persönliche Seite der Auswahl. Denn es sind stets Menschen mit einer Lebensgeschichte und mit Charisma, die in diesen besonderen, liebenswerten Lokalen wirken. Es sind Wirte mit Persönlichkeit und Leidenschaft, ob am Tresen oder in der Küche. Deshalb war wichtig, dass einige von den ‚Stübles' dabei sind, die Freiburger Version der Eckkneipe.

Die Auswahl fiel manchmal schwer, auch was die räumliche Eingrenzung betrifft. Es sollte ein Buch über Freiburgs Gastronomie sein. Doch jeder Freiburger schaut gern vor die Tore der Stadt und so gehört ein Kapitel mit ‚kleinen Fluchten' einfach dazu – mit Gaststätten in der Umgebung, die gut zu erreichen sind und sich für einen spontanen Besuch eignen.

Die Innenstadt

Die Stadt des Waldes, des Weines und der Gotik hat eine neue At-
traktion. D e Universitätsbibliothek mit ihrer spiegelnden Fassade
begeistert und provoziert. „Schwarzer Stern" oder „Klotz" sind nur
einige der Etikettierungen, die das Spannungsfeld der Freiburger
Gemütslagen illustrieren. Fest steht, dass Freiburgs Innenstadt sich
um eine neue und ungewohnte Facette erweitert hat – mit se bstbe-
wusster zukunftsweisender Architektur.

Lichtblick

Beim Meister des Machbaren

Mit dem Lichtblick finden wir ein Restaurant vor, das genau so ist, wie es heißt: ein Lichtblick. Udo Groß kocht in Freiburgs Flaniergasse Konviktstraße eine moderne leichte Küche – zu einem Sensationspreis. Das Lichtblick setzt Maßstäbe mit ausgezeichnetem Essen zu freundlichen Konditionen. Ein vegetarisches Mittagsmenü für 9,90 Euro bekommt man hier mit einem Hauptgang, einer Suppe oder einem Salat als Vorspeise und der Kaffee danach ist auch schon dabei. Drei verschiedene Menüs stehen mittags zur Auswahl. 10,90 Euro kostet die Fleischversion und 12,90 Euro das Fischmenü.

Täglich wechseln die Mittagsmenüs und die Bandbreite ist groß. Das Fischgericht etwa kann ein Doradenfilet mit Ingwer-Zitronenbutter sein – wunderbar kross gebraten, ohne dabei trocken zu sein und perfekt mit den Cocktailtomaten abgestimmt – ein mediterranes Gericht.

Hauptgang im Lichtblick kann aber auch ein deutsches Traditionsgericht wie Königsberger Klopse in Kapernsauce sein. Das schmeckt dann so, wie ursprünglich gedacht und ganz anders, als man es gewohnt ist. Die Klöße sind, wie es sein soll, aus Kalbfleisch und nicht aus Schweinefleisch gemacht.

Ein Tipp für Suppenkasper

Ein Extra-Augenmerk verdienen die im Menüpreis eingeschlossenen und sehr sorgfältig gekochten ‚Vorneweg-Suppen' – eine Erbsensuppe mit Wasabi zum Beispiel. Den scharfen japanischen Meerrettich ahnt man nur. Er gibt dem vertrauten

Udo Groß – Spitzenküche zum Schnäppchenpreis

Dorade mit Kohlrabi und Wirsing

Erdbeer und Rhabarber

Erbsengeschmack aber einen kleinen Kick ins Süße. Wäre der Wasabi nicht, allein schon mit ihrer Signalfarbe zeigt die Suppe, dass allzu Gewohntes auf den Prüfstand gestellt und neu interpretiert wird. Eine typische Wintersuppe kann zum Frühlingsboten werden und das ist auch kulinarisch zu verstehen.

Badische Gerichte wie Ochsenbrust, Schäufele und Wurstsalat stehen auf der Karte. Und trotzdem: Ossobucc, Polenta, Wasabi, Tandoori und Ratatouille auch, das zeigt, dass hier jemand über den badischen Tellerrand hinausgeschaut hat.

Das Augenmaß für das Machbare und den Weitblick hat sich Udo Groß auf Lehr- und Wanderjahren in Holland, der Schweiz und England erworben. In London kochte er bei Harrod's. Wie er bescheiden erklärt, war er dort einer von 580 Köchen in einem der 21 Restaurants des Konsumtempels.

Reservierung empfohlen
Der Rahmen ist in der Konviktstraße zwar überschaubarer als in London. Doch das Restaurant hat inzwischen so viele Freunde gefunden, dass auch mittags eine Tischreservierung dringend zu empfehlen ist.

Lichtblick

Konviktstraße 41
79098 Freiburg
0761-29280940
www.lichtblick-freiburg.de

Mo bis Do 11.30 – 15 & 18 – 23 Uhr
Fr & Sa 11.30 – 23 Uhr
So 17 – 23 Uhr

WLAN

Weinschlösschen
Siesta in der Stadt

Das Weinschlösschen liegt mitten in der Stadt und ist trotzdem ein verborgener Ort geblieben. In unmittelbarer Nachbarschaft zu Jazzhaus, Jos-Fritz-Café, Goethe-Institut und Konzerthaus lädt ein lauschiger Garten zu beschaulicher Siesta ein – und kaum jemand kennt ihn. Von der blauen Brücke stadteinwärts fahren tausende Radfahrer täglich auf die prächtige Gründerzeitvilla zu – und ziemlich sicher daran vorbei. Ob's wohl an den wuchtigen alten Bäumen liegt? Oder an der Hecke, die das Grundstück umschließt und von der Außenwelt abschottet?

Dabei ist der Garten ideal gelegen, als Ausweichort im Sommer, wenn im Jos-Fritz-Café nebenan die Tische draußen alle besetzt sind. Oder auch, um anzustoßen, nach einem Examen oder zum Geburtstag. Wenige nur wissen, dass man hier auch einkehren kann. Es ist schon erstaunlich, wie es die Familie Schneider mit ihrer schö-nen Villa bis heute geschafft hat, an einer so exponierten und quirligen Stelle von Zuspruch weitgehend verschont zu bleiben. Dirk Schneider, der freundliche Inhaber, ist meist allein vor Ort und auch mit anderen Dingen als dem Ausschank von Getränken befasst. Er betreut die hauseigene Galerie und organisiert kulturelle Veranstaltungen, die meist im Gewölbekeller stattfinden. Der vermutlich noch unbekannter geblieben ist als Haus und Galerie.

Die bessere Hälfte des Jazzhaus-Kellers
Das Jazzhaus neben dem Schlösschen kennt jeder, aber wer weiß schon, dass der Jazzhaus-Keller ursprünglich einmal viel größer war? Die etwas kleinere, aber wegen der höheren Decke womöglich sogar schönere Hälfte des ehemaligen Weinkellers liegt unter der Weinschlösschen-Villa. Sie wurde bei der Renovierung in den Jahren nach 1985 vom heutigen Jazzhaus-Keller abgeteilt und dient heute im

Ein lauschiger Garten mitten in Freiburg

Der unbekannte Keller

Dirk Schneider – der Schlossherr

Schlösschen als Konzert-, Tagungs- und Festraum. Eine ganze Reihe von Konzerten findet dort statt. Residenten sind unter anderem das renommierte Ensemble Aventure mit seinen Avantgarde-Konzerten. Man kann das Gewölbe auch für private Anlässe mieten.

Ein Glas Wein & mehr

Die frischen Markgräfler Weine aus dem Hause Schneider sind natürlich alle im Ausschank für die Gäste und potenzielle Kunden (2 Euro/0,1l). Denn nicht zuletzt kümmert sich Dirk Schneider um die Weinhandlung selbst – ein Außenposten des Müllheimer Winzers in Freiburg. Ab sechs Flaschen kann man sich im Freiburger Stadtgebiet und in der näheren Umgebung frei Haus beliefern lassen.

Für die Gäste sind auch noch Winzersekt (3,50 Euro/0,1l), ein Espresso oder ein Wasser da (1,50 Euro). Passend zum Wein hat Dirk Schneider in der Regel ein paar Kleinigkeiten zum Schnabulieren in seinem Kühlschrank. Das können mal Oliven sein oder auch ein Stückchen Käse. Oder feine Salami oder ein guter Schinken. Man muss sich überraschen lassen und sollte nicht zögern, danach zu fragen.

Weinschlösschen

Wilhelmstraße 17a
79098 Freiburg
0761-34234
www.weinschloesschen-freiburg.de

Di bis Fr 14 – 19 Uhr
Sa 11 – 16 Uhr
So & Mo Ruhetag

WLAN

Strass Café

The Englishman's Corner

Ist es ein Café, das auch Schmuck verkauft oder ein Schmuckgeschäft, in dem man auch einen Kaffee trinken kann? Das Strass Café will beides sein und fällt schon dadurch aus dem gewohnten Rahmen. Der gebürtige Engländer Martin Craven

Cappuccino mit Deko

hat seine Leidenschaft für den Glitzerschmuck zum Geschäft gemacht und verkauft ausschließlich Originalschmuck aus den Jahren 1910 bis 1970.

Wer dort einen Kaffee trinkt, begibt sich somit in eine Glitzerwelt aus funkelnden Steinen, die alle auch zu kaufen sind. Ganz billig ist es nicht, aber ab 30 Euro bekommt man schon etwas prächtig Funkelndes, um sich selbst oder andere zu beschenken. Gleichzeitig offerieren die großen Schaufenster einen Vorzugsplatz, um das Treiben auf Herrenstraße und Schusterstraße zu verfolgen. Viele Geschäftsleute und

Angestellte verbringen ihre Mittagspause dort. Wer einmal da war, kommt immer wieder und wird unweigerlich zum Stammkunden. Auch mit seiner Art, den Kaffee zu kredenzen, beweist Martin Craven kultivierten Geschmack und hat sich mit seiner aufmerksamen und zurückhaltenden Art eine treue Fangemeinde erobert.

Kein Kaffee ohne Sonnenfinsternis

Neben dem ganzen Glitzerschmuck ist der eigentliche Star des Strass Cafés aber die Faema E61, der Rolls Royce unter den Espressomaschinen. Das ‚E' im Namen steht für ‚Eclipse' und verweist auf die totale Sonnenfinsternis im Jahr 1961, dem Jahr der Erfindung des Wunderdings. Die Faema gestattete als erste Maschine, kontinuierlich bei 90 Grad Kaffee zu brühen. Alle modernen Maschinen werden bis heute nach ihrem Vorbild gebaut.

Martin Cravens schickes Exemplar stammt aus dem Jahr 1968. Da wundert es kaum, dass der stolze Besitzer auch größte Sorgfalt bei der Kaffeezubereitung walten

Beliebter Platz auf der Fensterbank

Mit britischem Understatement – Martin Craven

lässt – einfach wunderschön ist die Milch-
schaumdekoration auf dem Cappuccino.

Kaffee und – fast immer – Kuchen

Der Espresso kostet 1,70 Euro, einen Cappuccino bekommt man für 2,30 Euro. Der
exzellente Kaffee stammt von der kleinen
Rösterei Montano aus Kalabrien. Bionade
gibt es für 2,30 Euro, ein Glas Tee für 1,50
Euro. Meistens gibt es Kuchen, manchmal
auch nicht, denn der ist schnell alle. Es hat

sicher damit zu tun, dass sich Martin Craven morgens auf dem Münsterplatz mit
„Stefans" hymnisch verehrtem Käsekuchen
eindeckt. Wenn noch was da ist, ist man mit
2,50 Euro dabei. Sonst trösten Butterbre-
zeln oder Croissants darüber hinweg.

Strass Café

Herrenstraße 44
79098 Freiburg
0761-32950

Mo bis Sa 9 – 18 Uhr
So 10 – 17 Uhr

Sonderbar
Für Nachtschwärmer

Die schwule Szene hat ein Wohnzimmer und das ist die Sonderbar in der Salzstraße. Hier geht es so ausgelassen und entspannt zu, dass die Bar für Nachtschwärmer jeder Couleur ein feiner Treffpunkt für ein paar Drinks oder den Start in die Nacht ist. Der Besuch aus Berlin kommt gerade recht. Wolfgang und Ralf, zwei

Wolfgang – nostalgischer Blick zurück

gestandene Mannsbilder, sind seit Urzeiten im schwulen Leben zu Hause – eine angemessene Begleitung. Wolfgang hat Anfang der 80er ein paar Semester in Freiburg studiert. Er kennt die Sonderbar noch aus diesen Zeiten.

Korrekt oder Kaufhaus?
Für ihn und seine Freunde war die „alte Münz", wie sie damals hieß, die Bar der „Kaufhausschwulen" oder „Kommerzschwulen", wie man verächtlich die Hedonisten-Fraktion betitelte. Er selbst und seine Freunde gehörten damals zu den Korrekten, politisch Engagierten. Mit Schwulsein die Welt verändern – Orte dafür waren das AZ und auch das Jos-

Fritz-Café. Dazu gehörte Wichtiges wie die Gründung der AIDS-Hilfe in Freiburg. Dazu gehörte auch Skurriles, wie eine Selbsterfahrungsgruppe mit Peter Niehenke, dem notorischen Nacktjogger, die selbstverständlich nackig stattfand. Trotz alledem ging es bei den Politschwulen recht asexuell zu, was viele von ihnen dann doch gelegentlich in die „Alte Münz" trieb oder auch ins „Tiffanys", das heutige „Räng Teng Teng".

Nun sitzt Wolfgang mit leicht melancholischem Blick am Tresen der Sonderbar und Erinnerungen steigen hoch, wie langweilig es manchmal auch war. Lang ist das her.

Freunde treffen, Spaß haben
Die Sonderbar ist mittlerweile die einzige Schwulenbar in Freiburg. Da treffen wir Ruben, zarte 20, zusammen mit Andi, der schon ein wenig älter ist. Beide kommen aus Breisach und trudeln mehrmals die Woche ein, um Freunde zu treffen, was zu trinken, Spaß zu haben. Andi hat noch Mi-

Johnny, wenn du Geburtstag hast…

Philipp und Heinz

riam mitgebracht und Miriam noch einmal zwei Freundinnen. Die Sonderbar ist Familie, kein Aufreißerladen, das finden auch Philipp und Heinz. Gemütlich und lustig geht es hier zu und der Service ist überaus aufmerksam. Geheimtipp ist der Montagabend mit Frau Blömann.

Privat für alle
Privates und Öffentliches vermischen sich recht schnell. Mit Kuchen, Sekt und Freun-

den feiert Björn seinen Geburtstag und, weil es hier so eng ist, sind fast alle Gäste in Nullkommanix Teil der Party geworden

Der Treibstoff
Fürstenberg Bier bekommt man für 2,20 (0,2l) und 3,20 Euro (0,4l). Einen Weißburgunder von Heger gibt's für 4,80 Euro (0,2l). Beliebt sind auch Caipis (6,50 Euro) und natürlich der hausgemachte „cremig-fruchtige" Apocalypse (1 Euro).

Sonderbar

Salzstraße 13
79098 Freiburg
0761-33930
www.sonderbar-freiburg.de

Mo bis Do 18 – 2 Uhr
Fr & Sa 18 – 5 Uhr
So 18 – 1 Uhr

Raucherbar

Agora
Salon und Vinothek

Man merkt sofort, dass hier etwas anders ist. Der Türgong ist Kunst, ein Objekt von Peter Vogel mit Namen „Klöppelbass". Die Vinothek von Lore und Achim Frowein ist ein Ort für Lebensart – für Wein, für Zigarren, für Süßes aus dem Backofen, für guten Kaffee. Achim Frowein erwarb das Haus in der Wilhelmstraße vor rund neun Jahren, als er seine Arztpraxis in Buchheim aufgab, um sich ganz den leiblichen Genüssen zu widmen.

Ein Ort der Sinnenfreude
Ein idealer Platz, denn ein Ort der Freuden war das Haus schon zuvor: ein Bordell mit einem SM-Keller. So war vor der Eröffnung der Vinothek allerlei zu entsorgen, darunter Käfige und noch Jahre später finden sich immer wieder erwartungsfroh gestimmte Kunden des Vorgängerunternehmens ein, die unbefriedigt wieder von dannen ziehen – trotz dicker Zigarren und prachtvoller Schinken im Angebot.

Die Froweins haben sich liebevoll eingerichtet – zwischen Privatwohnung, Stehbar und Salon – mit einer offenen Küche im Hintergrund, mit Stehtischen für den schnellen Kaffee, mit einer Fensterbank, die zur Sitzbank gemacht wurde – dies alles im Sinne der antiken Agora als Fest- und Versammlungsort. Das Nebenzimmer, der Salon, ist wie gemacht, um einen Nachmittag zu vertrödeln – mit der Lektüre von „Lettre", „Du" und einer Tageszeitung, die nach Laune eingekauft wird – mal taz, mal FAZ.

Ein Schrank und sein Geheimnis
Neugier weckt ein rätselhafter Wandschrank mit den vielen kleinen Türen. „Claustrum" nennt ihn Achim Frowein – lateinisch für „Geschlossenes". Und klar, viele der Türchen sind abgeschlossen. Was aber sind die Verschlusssachen? Die Form der Schließfächer deutet es an. Flaschen befinden sich dahinter. Für 5 Euro pro Semester kann man ein Fach mieten und sein

Kultivierte Genüsse

Das Claustrum

Achim Frowein

eigenes Fläschchen Portwein, Schnaps – oder was auch immer – dort parken. Wann immer es gelüstet, findet man sich zum Tête-à-tête mit einem Gläschen aus der eigenen Flasche ein. Eine kuriose Idee, die Anklang findet: Alle 28 Fächer sind belegt.

Genuss ohne Reue
Wer es zurückhaltender angehen möchte: Viele der einfacheren Weine aus dem Verkauf sind auch glasweise zu probieren. Die Preise bewegen sich am unteren Ende denkbarer Preiskalkulationen: nur 1,20 Euro zahlt man für ein Zehntel hervorragenden Gutedels oder Elblings. Der Elbling

ist eine uralte Traubensorte für einen einfachen, frischen Wein.

Auch beim Kaffeepreis sind Lore und Achim Frowein kundenfreundlich. Für nur 1,20 Euro bekommt man hier einen richtig guten Espresso. Zum Kaffee gehört ein Stück Kuchen – und Lore Froweins Erzeugnisse sind spitze und einen Umweg wert. Ein Stück kostet nur 1,80 Euro – passend zum Kaffeepreis. Wer etwas Herzhaftes sucht, findet Sandwichs – ein Baguette mit Parmaschinken, Salami oder Käse etwa.

Agora

Wilhelmstraße 9
79098 Freiburg
0761-2169224
www.agora-freiburg.de

Mi bis Fr 10.30 – 19 Uhr
Sa 10.30 – 16 Uhr
Mo, Di & So Ruhetag

Bodega der Geier

Relaunch gelungen

„Bodega", der Name kam einigen anfänglich nur schwer über die Lippen. Schließlich war der Geier, eigentlich „Reichsadler", eine wilde Kneipe, das Wohnzimmer von Hausbesetzern und Linken, von Intellektuellen und Trinkern oder trinkenden

![Geier in rotweinrot]

Geier in rotweinrot

Intellektuellen. Mit Stephan Minzberg, dem Philosophen am Zapfhahn und seinem Adorno aufgeschlagen an der Seite – so will es das Klischee.

Stattdessen herrscht seit drei Jahren mediterraner Hedonismus im Geier. Die Geier-Bodega, so wünscht es sich Klaus Funke, soll voller Leben sein, ein Ort, wo sich viele Menschen wohl fühlen. Es wurde mit Umsicht renoviert. Die weinrote Farbe gibt der hinteren Wand eine neue Tiefenwirkung. Verschwunden ist die hölzerne Galerie vor der Theke – die Älteren werden sich dankbar erinnern, dass sie den nötigen Halt verlieh, um trotz angesäuselter Gesamtverfassung aus halbwegs gesicherter Position ein neues Bier zu ordern. Ihr Verschwinden ist kein großer Verlust, denn der Raum gewinnt dadurch an Weite. Geblieben sind die alten Fenster, die bei der Ersteinrichtung vorsorglich in der Tönung Nikotingelb gehalten wurden.

Preiswerter Mittagstisch

Statt Raucherlaubnis punktet der neue Geier mit seiner Küche. Remei Gonzalez hat ihren Job bei Matthias Dahlinger in der Eichhalde gelernt. Ihre unprätentiöse Crossover-Küche wird vielen Wünschen gerecht – und sie schmeckt. Zwei Mittagsgerichte mit Suppe oder Salat serviert der Geier – vegetarisch für 7 Euro oder für 8,50 Euro mit Fleisch oder Fisch. Wir versuchen Tagliatelle mit Lamm. Wie erwartet ist das Lamm zart und die Pasta prima al dente gekocht. Das Beste: Der Salat kommt ohne die schlimme weiße Klatsche aus, die in so vielen Kneipen kleine und große Salate ru-

Tagliatelle mit Lamm

Remei Gonzalez

iniert. Hier dient die mediterrane Herkunft der Köchin sozusagen als Bollwerk gegen die Unsitten deutscher Kneipenküchen.

Tapas & Tagesfrisches von der Tafel

Auch abends muss man den Blick auf die Tafel richten, um zu erfahren, was auf den Tisch kommt. Remei Gonzalez und Klaus Funke kaufen tagesfrisch ein, Voraussagen über das Progamm von morgen treffen sie nur zögerlich. Fleischbällchen, Penne mit Chorizo und andere Tapas sind jedoch immer da und werden nicht nur als Grundla-

ge zur Aufnahme von Getränken sehr geschätzt. So viel Spanien muss sein in einer Bodega, auch wenn sie Geier heißt.

Bei den Getränken ist der Geier der alte geblieben – zumindest, was die Preise betrifft: Ein Ganter Bier kostet 2,80 Euro – das ist ein großes (0,4l). Ein Viertel Wein bekommt man ab 3 Euro. Alkoholfrei geht es auch, etwa mit einem Mineralwasser für 1,50 Euro oder einer Apfelsaftschorle für 1,80 Euro (0,3l). Ein Espresso kostet 1,60 Euro.

Bodega der Geier

Belfortstraße 38
79098 Freiburg
0761-42968050
www.bodega-dergeier.de

Mo bis Fr 12 – 14 & ab 18 Uhr
Sa ab 18 Uhr
So Ruhetag

Teehaus Jiangnan
19 Wege zur Glückseligkeit

Es gibt doch noch etwas zu entdecken in der Altstadt: das Teehaus am Rathausplatz. Xia Juan macht hier chinesische Hausmannskost, die gewöhnlich auf den Speisekarten der China-Restaurants

Xia Juan – mit einem selbst bemalten Fächer

nicht auftaucht. Und im lauschigen Innenhof lässt sich der Nachmittag bei vielen Schalen Tee ganz prima vertrödeln.

Versteckt und mitten in der Stadt
Das Teehaus versteckt viele seiner Reize, denn im Vorbeilaufen wirkt es wie ein Geschäft, wo man so allerlei für den exotischen Hausrat kaufen kann wie Winkekatzen, Fächer oder Textiles. Erst nach Erkundung des hinteren Teils des schlauchigen Ladens erschließt sich, dass man den Tee hier auch sehr schön trinken kann und vor allem auch lecker essen. Und weil es noch ein Geheimtipp ist, hat man die Teestube und auch den schönen Innenhof meistens für sich allein.

Xia Juan wählt ihre Tees persönlich aus, wenn sie in ihre Heimat reist, in die Gegend von Shanghai. Die Tees werden ihr geschickt oder sie nimmt sie selbst mit. Sie werden in einer Schale serviert, zusammen mit einer Kanne heißen Wassers zum Aufgießen, und so kann man den ganzen Nachmittag mit einer einzigen Bestellung zubringen. Achtmal und mehr kann man die Teeblätter aufgießen, und das sollte man auch tun, denn „der erste Aufguss ist nicht der beste", sagt Xia Juan.

Zu den Wolken des Luan
Die Karte listet 19 Tees auf, darunter allein elf Grüntees (3,79 bis 4,49 Euro). Die ausführliche Karte hilft jedoch bei der Wahl. Sie nimmt die Gäste bei der Lektüre an die Hand und mit auf eine weite Reise. Die „Wolken des Luan" zum Beispiel aus dem Lu-Gebirge befreien das „Herz von Lasten" und beruhigen bei Sorgen. Die „Nadeln des Junshan" dagegen regen die Verdauung an und wirken gegen den „Frosch im Hals". Natürlich nur unter anderem. Der Anjibaj-Tee hingegen dürfte der perfek-

Zongzi im Bananenblatt

Baozi, Waozi, Jiaozi – die chinesische Version der Maultasche

te Tee vor einer erwartungsfrohen langen Nacht sein. Denn er fördert die Schönheit und schützt die Leber vor Giften. All diese Wirkungen werden den Grüntees nach den Lehren der traditionellen chinesischen Medizin zugeschrieben. Eine Garantie für die Wirkung gibt es natürlich nicht.

Baozi, Jiaozi, Zongzi heißen die warmen Speisen, die man hier den ganzen Tag über bestellen kann. Es handelt sich um gedämpfte Teigtaschen mit herzhafter Füllung – mit Fleisch, aber auch vegeta-

risch. Dazu wird Sojasauce und Reisessig gereicht und eine pikante, aber nicht allzu scharfe Sauce. Ein Teller mit neun Jiaozi kostet 6 Euro – ein Schnäppchen.

Hausmannskost nach chinesischer Art

Da es sich um authentische chinesische Hausmannskost handelt, bekommt man diese Leckereien auch nirgendwo sonst in Freiburg zu essen, wie eine ausgewiesene Expertin versichert: Frau Wong vom China Restaurant in der Lehener Straße, die gerade auf eine Schale Tee vorbeischaut.

Teehaus Jiangnan

Franziskanerstraße 9
79098 Freiburg
0761-7665415
www.jiangnanteehaus.de

Mo & Mi bis Sa 11 – 21 Uhr
So 12 – 18 Uhr
Di Ruhetag

Edos Hummus Küche
Die Leibspeise der Israelis

Das Wetter spielte auch eine Rolle. In Israel, wo Edo Medicks aufgewachsen ist, war es einfach zu heiß. Doch der wichtigste Grund, nach Freiburg überzusiedeln, war die Liebe zu einer Freiburgerin, die er in Ost-Jerusalem bei einer Demons-

Edo Medicks

tration gegen die Siedlungspolitik der israelischen Regierung kennenlernte. Simone Waldrich ist heute seine Frau und arbeitet in der Hummus-Küche mit. Ein Glück, dass Simone Waldrich aus Freiburg kommt, sonst würde Edo Medicks heute in einer anderen Stadt seinen Hummus verkaufen. Und Freiburg würde etwas fehlen.

Sesam, Kichererbsen, Olivenöl
Hummus ist eine feine Sache. Die Paste aus Kichererbsen und Sesam mit etwas Olivenöl schmeckt eigentlich immer. Ganz Israel ernährt sich täglich davon, es

ist gesund, macht satt und entspricht auch strengsten veganen Vorschriften. Kein Wunder, dass Edo Medicks bei seinem ersten Besuch in Freiburg seinen Hummus vermisste. Denn was ihm hier als Hummus vorgesetzt wurde, schmeckte ihm nicht. Wie bei allen guten und einfachen Dingen kann man viel falsch machen, und so reifte die Idee, es selbst zu versuchen. Mit dem Hummus-Rezept der Oma konnte die Produktion dann bald beginnen.

Das war vor vier Jahren. Inzwischen ist Edos Hummus fest etabliert und so wurde noch Sahar Sudri, ein guter Freund aus Tel Aviv herbeigerufen, und zusammen mit dem Jobber Alex Carmody stemmen sie nun zu dritt die angewachsene tägliche Produktion.

Hummus mit Variationen
Basic Hummus mit Tahina kostet 4,30 Euro im Restaurant. Die Toppings dazu kosten 2,50 Euro. Das können Falafel sein, Pilze, oder auch Artischocken. So wird ein gan-

Hummus mit einer Portion Falafel

Bei der Falafelproduktion – Alexander Carmody

zes Gericht daraus und so lieben es auch die Deutschen. In Israel dagegen dippt man die Paste meist pur mit dem Pitta-Brot. Das wird zur Zeit noch tiefgefroren aus Israel importiert. Edo Medicks hat bislang hierzulande keines gefunden, das seinen Ansprüchen genügt. Das sollte doch eigentlich zu machen sein.

Was die Deutschen nicht mögen, zumindest zur Mittagspause, ist frischer Knoblauch im Hummus und deshalb lässt Medicks ihn weg. Die Mittagsgäste müssen

später noch arbeiten und fürchten, mit ihrem Geruch die Kollegen zu erschrecken. In Israel macht es den Leuten nichts, weil alle Knoblauch essen – auch eine Strategie.

Tipp für Koriander-Freaks

Probieren sollte man hier mal die „scharfe Sauce". Ihr richtiger Name ist „Schug", sie kommt ursprünglich aus dem Jemen und sie besteht aus viel Koriander und Chili. Wem es zu scharf ist: Linderung verspricht die Limonana, die selbstgemachte Limonade aus Minze und Limetten (1,50 Euro).

Edos Hummus Küche

Dietler Passage
Grünwälder Straße 10-14
0176-75494654
www.edoshummus.de

Mo bis Sa 11.30 – 21 Uhr
So Ruhetag

WLAN

Heisse Maroni

Mit dem Duft des Winters

Man muss die Kälte schon mögen. Denn ohne Winter gäbe es keine gerösteten Maronen. Aber ohne Maronen wäre ja auch der Winter kein richtiger. Der köstliche Duft gehört einfach dazu. Axel Schwendemann liebt Maronen. Und er

Axel Schwendemann

kann mit der Kälte umgehen. „Am Münsterplatz ist es immer schattig", sagt er. Seit zehn Jahren schon tut er sich das an – immer von September bis Februar. Acht bis zehn Stunden stehen sie auf dem Platz – er und sein Maroniwägelchen mit der eigenwilligen Orthographie.

Perfekt oder verbrannt

Wer mit der Kälte klarkommt, hat die wichtigste Hürde zum Maroniröster genommen. Eine andere Qualität, die man mitbringen sollte, ist Aufmerksamkeit. Die Kastanien müssen genau im richtigen

Moment vom Feuer geholt werden. Denn die Zeitspanne zwischen perfekt und verbrannt ist extrem kurz. Aufmerksamkeit erfordert auch die Holzkohle. Wenn die Kohle gut durchglüht ist, darf sie noch den Vorratsbehälter heizen, der die fertigen Maronen mit einem raffinierten System in feuchter Hitze hält, damit sie nicht völlig austrocknen. Aufmerksamkeit erfordern nicht zuletzt die vielen Kunden, die oft in Schulklassenstärke über das Wägelchen herfallen.

Beste Maronen aus Italien

Schwendemann bezieht seine Maronen aus Italien, aus dem Piemont. Italien ist neben der Türkei der größte Produzent von Esskastanien in Europa – mit vielen besonders schmackhaften Sorten. Eine davon heißt ‚Curati' – die dürfen wir hier probieren.

In Italien macht man sich viel Mühe mit den Kastanien, die häufig von Würmern befallen werden. Um die verwurmten Maronen zu finden, werden sie in Wasser gelegt.

Außen schwarz – innen süß

Maronen auf dem Holzkohleröster

Steigen Blasen auf, sind Wurmgänge in den Kastanien und man kann sie aussortieren – ein aufwendiges Verfahren, das sich im Preis niederschlägt.

Ein prima Mittagssnack
Maronen sind eine ausgesprochen hochwertige Kost. Sie enthalten im Gegensatz zu anderen Nüssen wenig Fett, dafür viel Eiweiß, dazu Mineralien und Spurenelemente. 100 Gramm kosten 2,70 Euro. 100

Gramm – das sind meistens elf Maronen. 200 Gramm bekommt man für 5,20 Euro und 300 Gramm für 7,50 Euro. Sie werden in einer Doppeltüte serviert, damit man die Schalen beim Essen gleich los wird ohne sie einfach auf den Boden fallen zu lassen.

Im Angebot sind auch noch eine süße Maronicreme im Glas für 3,50 Euro und andere Produkte aus Maronen.

Heisse Maroni

Münsterplatz vor dem Hauptportal
79098 Freiburg
07664-504231

September bis Februar
Di bis Fr 10 – 20 Uhr
Sa 10 – 18 Uhr

Weinstube Sichelschmiede
Im Märchenwunderland

Die Sichelschmiede auf der Insel mitten in der Altstadt ist ein Muss – nicht nur für Touristen. Gerdi Stark hat das mittelalterliche Haus in ein Märchenwunderland verwandelt.

Dog's Life

Es war tatsächlich noch eine Schmiede, die Gerdi Stark 1976 zusammen mit ihrem Lebensgefährten in ein Gasthaus verwandelte. Der alte Amboss und die Schmiedewerkzeuge an der Wand zeugen davon. Das Haus auf der Insel ist aus dem Jahre 1460, vermutlich sogar älter. Es ist ein verwinkeltes Hexenhäuschen. Überall geht es treppauf, treppab, tun sich Nischen, Ecken und weitere Räume auf. In unvergleichlicher Art hat Gerdi Stark das Haus um allerlei Zierrat aus Gehäkeltem und Gebasteltem, Porzellan, Puppen und kleinen Bildern bereichert.

Der Tipp zum Besuch der Sichelschmiede kam von einer Freundin aus Brasilien – kein Zufall. Denn auch Gerdi Stark führt gern ihre ausländischen Gäste an, wenn sie ihr Publikum beschreiben soll. Chinesen und Amerikaner fühlen sich bei ihr besonders wohl. Das bunte Ambiente erfüllt die Erwartungen von Touristen aufs Beste. Vermutlich, weil sie sich wohlfühlen in dieser Puppenstube.

Alles so schön bunt hier
Die Sichelschmiede ist ein einzigartiges Gesamtkunstwerk, ein Märchenpark zwischen Romantik, Kitsch, Bäuerlichem und Sakralem. Man begibt sich in eine pralle Farben- und Formenvielfalt und setzt sich Sinneseindrücken aus, wie sie immer wieder von den Konsumenten halluzinogener Narkotika beschrieben werden – und das ganz nüchtern.

Dass so etwas Touristen Spaß macht, die auf der Suche nach einem bestimmten Deutschlandbild sind, ist nachvollzieh-

Gerdi Stark

Im Philosophenstüble fällt Weihnachten und Ostern zusammen – such den Hasen!

bar. Doch auch für Freiburger ist der Erlebnispark Sichelschmiede einen Besuch wert, ganz sicher, wenn Eltern und Freunde zu Besuch kommen. Übernachten kann man hier sogar auch.

Speis und Trank
Bodenständiges steht auf der Karte: Sauerbraten mit Spätzle kostet 15,80 Euro, Zwiebelrostbraten mit Brägele bekommt man für 18,80 Euro, Spanferkel mit Brägele für 12,80 Euro. Eine Maultaschensuppe kostet 5,50 Euro. Ein Ganter Bier bekommt man für 2,70 Euro, ein König Pilsener für 2,90 Euro gibt es vom Fass. Wer ein Viertel Spätburgunder (4,80 Euro) oder Gutedel (4,20 Euro) trinken möchte, ist hier gut aufgehoben.

Mehr Restaurant als Weinstube
Eine Weinkarte mit Flaschenweinen gibt es nicht. Eigentlich schade. Denn eine profilierte Weinstube mit badischer Ausrichtung könnte die Innenstadt noch gebrauchen. Gerdi Stark legte nach einem Brand 2004 und der folgenden Renovierung den Akzent mehr aufs Restaurant.

Weinstube Sichelschmiede

Insel 1
79098 Freiburg
0761-35037
www.sichelschmiede.de

täglich 12 – 23 Uhr
Küche bis 22 Uhr

Ice Galaxy

Eismachen vom anderen Stern

Im Frühsommer 2011 installierte sich in der Nachbarschaft zum brandneuen Quartier Unterlinden die Ice Galaxy – mit Martin Sautter als galaktischem Eisboten. Vieles ist anders in Martin Sautters Reich. Mit den geweißelten unverputzten Wän-

Martin Sautter, Konditor

den, den dicken Stromkabeln, den selbstgestrickten Aufklebern ist die Eisdiele ein rührender stiller Protest gegen den neuen Chic der sterilen Systemgastronomie von gegenüber – dort, wo Selbstbedienung als Lifestyle verkauft wird. Hier, wo Freiburg sich nun sehr großstädtisch gibt, stehen in zweiter Reihe die einfachen Häuser aus der Nachkriegszeit. Sie entstanden, als die zerbombte Innenstadt schnell wieder aufgebaut werden musste.

Martin Sautter stammt aus Reutlingen. Schon während der Ausbildung vor 33 Jahren fiel der Startschuss für das heutige Eiscafé, denn er ließ sich zusätzlich zum Eismacher ausbilden. Dies geschah in einer Konditorei, und dass er heute so selbstbewusst sein Eis präsentieren kann, hat viel damit zu tun. Denn was er lernte, war, „Konditoreneis" zu machen.

Eis vom Konditor

Eis, so wie es ein deutscher Konditor machen würde, ist kompakter, schwerer und hat einen anderen Schmelz als das nach italienischem Ideal gefertigte. Mit dem, was Sautter als Konditor gelernt hat, kann er sich gut gegen die transalpine Konkurrenz behaupten. Die Eistorten und vor allem die Eis-Petits-Fours in der Auslage sind sichtbares Zeichen dieser Linie. Eine Fülle von hübsch verzierten und sehr leckeren kleinen Eistörtchen (3 Euro) und Pralinen (1,50 Euro) warten in der Vitrine auf Liebhaber. Dazu kommen die großen Eistorten.

Martin Sautter baut Torten wie Schwarzwälder Kirsch oder Käse-Sahne-Torte aus Eis nach. Sein Ehrgeiz dabei ist es, wirklich die gleichen Zutaten wie bei den richtigen Torten zu verwenden.

Martin Sautter und seine galaktischen Eisträume

Petits Fours von der Ice Galaxy

Da bei der Produktion nicht so arg mit Sahne geklotzt wird, sind bei den vielen Sorten die Aromen jeweils sehr gut herauszuschmecken. Sogar der Bitterton des karamelisierten Zuckers tritt beim Crème-Brûlée-Eis schön hervor.

Auch die Joghurt-Sorten – egal ob solo oder mit Fruchtanteilen – schmecken ausgezeichnet. Zwölf Sorten nur mit Quark- und Joghurteis gibt es hier an einer eigenen Theke. Grießbrei-Eis, Zwetschgeneis und Campari-Eis sind nur einige der exotischeren Kreationen. Alle Sorten werden nach eigenen Rezepten nachts in Emmendingen produziert (1 Euro/Kugel).

Rezepte aus dem Bankschließfach
Stolze 400 Eisrezepte warten auf ihren Einsatz. Sie sind natürlich streng geheim. Gut gesichert liegen sie auf einer Festplatte in einem Bankschließfach und warten auf ihren Einsatz. Per Funk und Laptop kann der Eismann die Festplatte im Schließfach aufwecken und auf seine Rezepte zugreifen. Unglaublich.

Ice Galaxy

Friedrichring 40
79098 Freiburg
0761-38097941

Mo bis Sa 11 – 21 Uhr
So 12 – 21 Uhr

Oktober bis März geschlossen

Terragusto

Beim italienischen Bobbele

Terragusto – das ist ein Geschäft mit italienischen Spezialitäten. Vor allem aber ist es auch ein prima Stehcafé, was sich mittlerweile herumgesprochen hat, denn zur Mittagszeit, wenn die Angestellten der umliegenden Büros Pause machen, ist der

Adriano Ebner aus der Handballerfamilie

kleine Laden proppenvoll. Das wird nicht zuletzt an dem sensationell leckeren Espresso liegen, den Adriano Ebner hier produziert und für nur 1 Euro anbietet.

Espresso zum Kampfpreis

Nach so etwas muss man in Freiburg lange suchen, wenn es so schmackhaft sein soll wie hier. Hier im Terragusto stammt der Kaffee von der kleinen Rösterei „Caffen" aus Napoli. Es ist eine Bar-Mischung mit einem Robusta-Anteil von 20 Prozent. Wer sich veranlasst sieht, die Kaffeetüten gleich mit nach Hause zu nehmen, bekommt den Espresso beim Kauf auf den Preis angerechnet.

Die Freiburg-Italien-Connection

Die Geschichte der Ebner-Brüder Adriano, Claudio und Nino ist vom Handball nicht zu trennen. Besonders Claudio Ebner, der vor einem halben Jahr ein paar Straßen weiter sein eigenes Restaurant „Cum Laude" eröffnet hat, machte mit dem Sport Furore und brachte es bis in die Nationalmannschaft – die italienische. Das klappte nur, weil sein italienischer Verein etwas Ahnenforschung betrieb und so kamen er und seine ganze Familie zu italienischen Pässen, auch Adriano, der es ihm in sportlicher Hinsicht nachtat und ebenfalls in Italien Handball spielte. Italien und seine Lebensart fanden so über den Sport wieder einen festen Platz in der Freiburger Familie und wegen der vielen Kontakte reifte die Idee für ein italienisches Spezialitätengeschäft.

Eine Fundgrube

Außer Kaffee kann das Terragusto mit vielen anderen Attraktionen aufwarten, einer sehr schmackhaften Limonade etwa – oder mit einer urtümlichen sizilianischen Schokolade. Schokolade mit dem zarten

Urtümliche Schokolade aus Sizilien

Beliebter Mittagstreff in der Karlstraße

Schmelz, wie wir sie kennen, ist erst seit gut 100 Jahren Ideal der Schokoladenprodukti- on. Das „Conchieren", das endlose Rühren der geschmolzenen Kakaomasse wurde Ende des 19. Jahrhundert in der Schweiz entwickelt, was ganz entscheidend zum Ruhm der Schweizer Schokolade beitrug. Auf Sizilien blieb man jedoch bis heute bei der alten Herstellungsweise. Kakaobohnen werden zu einer groben Masse zermahlen, dann bei geringer Hitze geschmolzen und mit Kristallzucker vermischt. Beim Essen knirschen die Zuckerkristalle und die Scho-

kolade bröselt. Es ist ein archaisches Ver- gnügen und ein charmantes Mitbringsel, weil die Tafeln sehr ansprechend verpackt sind.

Wie Mandeln und Artischocken

So einiges im Terragusto lohnt einen ge- naueren Blick, etwa das Olivenöl von der Firma Calantino. Es stammt aus dem Nord- osten Siziliens und schmeckt nach „Man- deln und Artischocken". Das sagt Claudio Ebner, der eine Weile in der Firma gearbei- tet hat.

Terragusto

Karlstraße 5
79104 Freiburg
0761-5195020
www.terragusto.de

Mo bis Sa 10 – 18 Uhr
So Ruhetag

Afghan-Eck

Seit 30 Jahren am Zähringer Tor

Schon beim ersten Besuch fühlt man sich wie bei Freunden zum Essen eingeladen: Shahla und Aziz Hares begrüßen alle ihre vielen Stammgäste mit Namen und kennen auch deren Vorlieben. „Scharf?" oder

Shahla Hares

„nicht so scharf?" „Mit Knoblauchsauce – oder ohne?" Das sind Fragen, die eigentlich nur den Neuankömmlingen gestellt werden müssen. Seit 1986 betreibt die Familie Hares ihr Afghan-Eck schon. Der Name ist eine starke Untertreibung, denn der Steh-Imbiss wurde vor 15 Jahren zu einem richtigen Restaurant mit freundlichem Gastraum erweitert.

Quereinsteiger in der Küche

Aziz Hares kam mit einem Stipendium nach Deutschland und blieb, denn wenige Jahre zuvor waren die Russen in Afghanistan einmarschiert. In Deutschland durfte der Mathematik-Lehrer aber in seinem Be-

ruf nicht weiterarbeiten, genauso wie seine Frau, die ihr Studium als Tierärztin zwar abgeschlossen hatte, doch erneut viele Semester zusätzlich hätte studieren müssen, um in Deutschland praktizieren zu können. So kam es zum Imbiss. Und so werden die beiden mit ihren Kindern und ihren zahlreichen Fans im kommenden Jahr 30 Jahre afghanischer Küche in Freiburg feiern. Die nachhaltige Begeisterung liegt natürlich zuallererst an der leckeren Küche.

Viel Mühe für den Wohlgeschmack

Afghanisch kochen heißt früh aufstehen. Ab 8 Uhr morgens stehen die beiden in der Küche und bereiten sich auf den Ansturm der Gäste gegen Mittag vor. Wie man den überaus lockeren und aromatischen Reis zubereitet, ist ein Küchengeheimnis, das gerne verraten wird: Lange wässern, in Öl anbraten und mit Gewürzen, darunter auch Safran, in Brühe garziehen lassen, ist die grob vereinfachte Version des Rezeptes.

Aziz Hares

Auberginen, Safran-Reis, zartestes Lammfleisch – ihre Gäste lieben die Familie Hares dafür

Das Afghan-Eck ist die perfekte Wahl für den großen Hunger. Kabuli Palau – das ist der wunderbare Reis mit Karottenschnitzen und Safran – kostet je nach ‚Ausstattung' mit Fleisch und verschiedenen Gemüsen zwischen 7,50 und 8,50 Euro.

Die beliebten Bolani, eine Art gefüllte Pfannkuchen, kosten zwischen 6,50 und 8 Euro. Köstlich sind auch die anderen gefüllten Teigtaschen wie Aschak, Khanom, (7 Euro) oder Mantu (7,50 Euro). Alle Gerichte gibt es auch ohne Fleisch.

Bei den Getränken ist der Schwarztee mit Kardamom (1,50 Euro) der Renner. Ein Mango-Lassi kostet 1,80 Euro, ein kleines Mineralwasser 1,20 Euro.

Das Afghan-Eck ist auch ein Lebensmittelgeschäft. Man bekommt dort die meisten Zutaten für häusliche Versuche in afghanischer Küche: Verschiedene Sorten Basmati-Reis, Konserven und nicht zuletzt den ausgezeichneten Safran.

Afghan-Eck

Habsburgerstraße 133a
79104 Freiburg

Mo bis Sa 11.30 – 20 Uhr
So Ruhetag

Primo Market

Der römische Wirbelwind vom Zähringer Tor

Feinste italienische Hausmannskost bietet die Trattoria im Primo-Market. Was hier auf den Teller kommt, stammt nicht selten aus dem Supermarkt selbst. Gott sei Dank

Frutti di Mare al Cartoccio – im Karton

– der Primo-Market hat immer noch etwas vom spröden Charme einer Lagerhalle.

Doch Fabrizio Bonacci, der das Geschäft vor 13 Jahren übernahm, hatte mit der riesigen Ladenfläche mehr im Sinn, als bloß Regale mit Pasta und anderen Lebensmitteln zu füllen. Seit sieben Jahren gibt es im Primo-Market einen Mittagstisch mit einer deftigen, sinnenfrohen italienischen Küche – „alla mamma", wenn man so will. Damit nicht genug, denn der Blick durch die Ladenflucht förderte ungenutzte Ecken zu Tage: Platz für eine Pizzeria, Platz für die Produktion frischer Pasta. Ein Piz-

za-Ofen samt Pizzaiolo „venuto da Napoli" wurde installiert. Unverdorben durch die zersetzenden Wirkungen von Brösel-Mozzarella und Formfleisch-Schinken darf er hier seiner Kunst nachgehen. Und so ist die Margherita wie sie sein soll: mit Büffelmozzarella, mit reichlich Basilikum, mit einem schönen Teig – und in drei Minuten fertig. Wunderbar. Sie kostet 7,90 Euro, was wegen dem Büffelmozzarella preiswert ist.

Küchenitalienisch für Schnellmerker

Wer gegen Mittag zum Essen kommt, hat die Qual der Wahl. Denn außer Pizza werden 20 Gerichte mittags tagesfrisch gekocht. Der Chef liest jedem Gast das Tagesangebot persönlich vor, so schnell, dass man die Hälfte vergessen hat, bevor er fertig ist. Wer spendiert dem Primo Market eine Schiefertafel? Zeit wäre es dafür.

Der Primo Market – feine Küche im Alimentario

Alma und Fabrizio Bonacci

Die Qual der Wahl

Das ganze Mittelmeer gibt sich ein Stelldichein in der Küche: Kraken, Muscheln, Hummer, Krabben. Bei den Gemüsen gibt es Cima di Rape, Auberginen, schwarzer Reis oder Brennesseln, die zu e nem Pesto verarbeitet werden. Das alles bekommt man heute zu essen und morgen wieder etwas anderes.

Elia Alioto, Koch aus Palermo, zaubert eine köstliche „Tagliata di tonno lardellato in crosta di pistacchi e limone" auf den Tisch (21,90 Euro). Alles, was wir probieren, schmeckt großartig und nach mehr ob es das wunderbar zarte Rindergeschnetzelte ist (18,90 Euro) oder die einfachen Spaghettoni alla Carbonara (8,90 Euro).

Ein Glas Wein dazu bekommt man für 4,90 Euro, der Espresso kostet 1,50 Euro.

Primo Market

Bernhardstraße 6
79098 Freiburg
0761-2922441

Mo bis Sa 9 – 24 Uhr
Küche 11 – 22 Uhr
So Ruhetag

Der Norden

Nein, ganz so wüst sieht es nicht überall im Norden Freiburgs aus. Doch die leergeräumten Flächen am alten Güterbahnhof zeigen, wie schnell sich zur Zeit das Bild dort verändert. Ein ganzes Stadtviertel erfindet sich neu zwischen Gewerbe und Wohnen.

Freiburgs Norden umfasst sehr unterschiedliche Stadtteile. Östlich der Bahnlinie liegen die bürgerlichen Stadtviertel Neuburg, Herdern und Zähringen – zum Teil in schönster Hanglage. Westlich liegen die einfacheren Straßenzüge der Beurbarung und das Industriegebiet Brühl, zu dem auch der Güterbahnhof gehört.

Restaurant Rose
Mit dem Sound der Garküchen

Eigentlich sollte ein Café daraus werden. Wie gut, dass es anders kam. Denn im ehemaligen Blumengeschäft in der Stefan-Meier-Straße wird laotisch gekocht. Die leichte und frische Küche ihrer Heimat hat die Köchin Somphon Schippers

Somphon Schippers

mit Erfolg in Freiburg etabliert. Direkt neben einer Tankstelle an der belebten Stefan-Meier-Straße liegt ihr Restaurant Rose. So ungewöhnlich wie der Ort ist auch das Restaurant selbst. Somphon Schippers kommt aus der Stadt Luang Prabang im Norden von Laos. Sie hat den ehemaligen Blumenladen im Stil ihrer Heimat eingerichtet.

Und sie tut alles dazu, nicht vergessen zu machen, dass hier früher Blumen verkauft wurden. Denn der helle Gastraum ist mit Blumen reichlich geschmückt. Auf der Terrasse speist man unter exotischen Bäumen und zwischen liebevoll gepfleg-

ten Beeten. Man fühlt sich nach Fern-Ost versetzt, wozu auch der Lärm vom Straßenverkehr einiges beiträgt. Mittags kommen viele Studenten und Akademiker aus den nahe gelegenen Uni-Instituten.

Kochkurs mit Frau Schippers
Für 15 Euro kann man im Restaurant Rose laotisch kochen lernen, wenn man noch vier Freunde mitbringt. Somphon Schippers unterstützt mit den Einnahmen aus den Kochkursen „Materra", eine Stiftung, die sich für die Versorgung krebskranker Frauen in Laos stark macht.

Frau Schippers kocht alle Gerichte aus frischen Zutaten, die manchmal trotz gut sor-

Fernweh nach Fernost in Freiburg

Das Restaurant im ehemaligen Blumengeschäft

tierter Asia-Läden in Freiburg nicht so einfach zu beschaffen sind. Deswegen kauft sie zusätzlich auch in Frankreich ein. Die laotische Küche ist mit der thailändischen und vietnamesischen Küche verwandt, da Laos zwischen diesen Ländern liegt. Doch anders als Thailand und Vietnam hat Laos keinen Zugang zum Meer. Deshalb dominieren in der laotischen Küche Süßwasserfische und Meergetier ist seltener. Doch auch hier gibt es die frischen, scharfen Suppen mit Zitronengras und Garnelen als Tom Yam oder Tom Gaeng mit Hühnchen

und in den Varianten mit Kokosmilch. Süßwasserfische möchte Frau Schippers ihren Gästen wegen der vielen Gräten lieber nicht zumuten.

Mit Rabatt für Studis und Azubis

Vorspeisen kosten zwischen 2,50 und 7,50 Euro, Hauptgerichte um 10 Euro. Lecker sind auch Fisch oder Hühnchen im Sesambackteig. Studenten und Azubis erhalten auf alle Salate und Hauptgerichte 50 Cent Rabatt. „Beer Lao" und thailändisches Singha Bier kosten 2,80 Euro.

Restaurant Rose

Stefan-Meier-Straße 34
79104 Freiburg
0761-2852618

täglich 11 – 23 Uhr

Zum Ochsen
Die Schnitzelinstitution

Das Gasthaus Zum Ochsen, das im Norden Freiburgs unscheinbar an der Zähringer Straße gelegene Traditionslokal, ist die Schnitzelinstitution Freiburgs schlechthin – aber nicht nur. Wenn badische Küche einen guten Ruf genießt, hier kann man

Das Hinterzimmer – ein ehemaliger Paukboden

erleben, warum das so ist. Michael Winterhalter ist einer der wenigen, die sich wirklich darum kümmern. In mehrfacher Hinsicht ist der Ochsen eine außerordentliche Gaststätte.

Geschichte und Geschichten
Dazu gehört auch der gute Geist von Margarethe Gehri, der ehemaligen Wirtin, die mit ihrem Holzkästle die Gäste persönlich abkassierte, nicht ohne sie gleichzeitig mit Alufolie zu versorgen, damit sie die übrig gebliebenen Schnitzel mit nach Hause nehmen konnten. Das Hinterzimmer war mal der Paukboden einer Burschenschaft und man kann sie sich immer noch ganz

gut vorstellen hier, die schmissigen Jungs mit ihren lauten und feuchten Ritualen und den strammen Ansichten. 1990 wurde dieser etwas andere Fight-Club dicht gemacht und dient nun ganz friedlichen Zwecken.

Vorbildlich gutbürgerlich
Im Ochsen gibt es keine Speisekarte. Man muss schon fragen, was gerade zu haben ist. Die Schnitzel, das Aushängeschild, sind jedoch immer da (11 Euro). Montag ist Nierle-Tag (7,80 Euro), Donnerstag und Freitag kommt Kalbsleber auf den Tisch. Alles andere wird nach Jahreszeit gekocht, bis Ende Januar vor allem Wildgerichte. Bemerkenswert ist die Konsequenz, mit der hier, in einem einfachen Gasthaus, gutbürgerliche Kochtraditionen am Leben erhalten werden. Zu Recht ist Winterhalter stolz auf seine „fritteusenfreie Zone". Den Schnitzeln merkt man nicht an, dass sie „bloß" vom Schwein kommen, so zart sind sie. Wo sonst bekommt man so einen feinen warmen Kartoffelsalat, der die badische Qualitätsauszeichnung „schlonzig" auch wirklich verdient? Dass er im Ochsen

Michael Winterhalter

Schnitzel at it's best

so gut schmeckt, hängt sicher mit der frisch gekochten Markknochenbrühe zusammen, mit der die warmen Kartoffeln getränkt werden. Für Brägele dagegen müssen die gekochten Kartoffeln durchkühen, damit man sie schneiden und braten kann. Sind sie noch warm, zerfallen sie in der Pfanne.

Badische Heiligtümer

Kartoffelsalat und Brägele sind badische Klassiker, über deren korrekte Zubereitung sich nicht selten erhitzte Diskussionen bei den Eingeborenen entspinnen.

Wer im Ochsen gespeist hat, ist in der Regel lange vor dem Dessert pappsatt. Schade, denn Winterhalters Desserts sind von barocker Sinnenfreude: seir Apfelcremetöpfle etwa (5,50 Euro). Als wäre die Kombination eines liebevoll mit Zimt und Wein gekochten Apfelkompotts mit Spekulatius, viel Mascarpone und Sahne nicht schon opulent genug, so kommt zum Schluss noch ein guter Schuss Eierlikör dazu. Das ist typisch Ochsen und allein schon einen Besuch des sympathischen Gasthauses wert.

Zum Ochsen

Zähringer Straße 363
79108 Freiburg
0761-553860

Do bis Di ab 17.30 Uhr
Küche bis 21.30 Uhr
Mi Ruhetag
Juni, Juli & August auch Di Ruhetag

Le Diamant Noir

Freiburgs einziges afrikanisches Restaurant

Der afrikanische Diamant an der Zähringer Straße funkelt in vielen Facetten. Assana Tempel führt hier Freiburgs einziges Restaurant mit togolesischer Kü-

Assana Tempel

che. Zugleich ist es eine Quartierskneipe und samstags nachts auch Party-Location, wenn DJs auflegen.

Das Zähringer Integrationsprojekt

Es war eine mutige Entscheidung, die ‚alte Zunft' an der Zähringer Straße zu übernehmen. Denn das war eine typisch deutsche Eckkneipe zum Biertrinken, zum Fußballgucken und Rauchen. Eine Kneipe für Männer, die mögen, wenn alles so bleibt, wie es ist. Assana Tempel musste schon öfter Mut beweisen. Als sie vor 15 Jahren aus Togo nach Deutschland kam, war das ganze Leben neu zu organisieren. Heute hat sie es geschafft. Ihr schwarzer Diamant wird von den alten Gästen in der Nachbar-

schaft genau so geschätzt wie von Afrikanern, die in Freiburg leben. Eine große Hilfe waren Gäste der ‚alten Zunft', die ihrer Stammkneipe die Treue hielten, auch als eine dunkelhäutige Frau begann, das Bier auszuschenken. Stammgast Heinz etwa, er ist Fan der rustikalen Holzausstattung. Das habe die Firma Strohhecker in den 70ern in vielen Freiburger Kneipen etabliert.

Samstags Party

Es ist eine laue Samstagnacht und DJ Original Mystic Alpha alias Ferdinard Tenda gibt sich redlich Mühe, die Stimmung anzuheizen mit Soukous, Azonto und Coupé Décalé – Musik, die Assana Tempel gefällt. Ein Gast aus Nigeria aber wünscht nigerianische Musik. Ein DJ hier muss viele Geschmäcker bedienen, wenn es sein muss, auch mit Andrea Berg oder Helene Fischer. Doch heute bleibt die Musik afrikanisch. Es ist schon weit nach Mitternacht, als die Paare zu tanzen beginnen. Assana ist immer noch in der Küche beschäftigt. Einige Gäste haben Hunger. Ihr Sohn Philippe kümmert sich derweil um die Bar.

Gombo mit Ziegenfleisch

Restaurant, Quartierskneipe und Party Location – Assana Tempel ist angekommen in Zähringen

Fundamentalküche aus Togo

Seit einem guten halben Jahr ist die Kneipe auch Restaurant. Erweiterte Räume machen es möglich.

Die westafrikanische Küche ist aufwendig. Fufu etwa, das ist ein zäher Brei, der aus Yams- und Maniokwurzeln und Kochbananen gekocht und im Mörser gestampft wird. Fleisch lässt Assana ohne Fett im geschlossenen Topf mit den Gewürzen schmoren, dann erst kommt das Gemüse dazu. So wird der Geschmack intensiver. Scharfe Saucen wie Erdnusssauce oder Egusi-Sauce aus Pistazienkernen geben den Gerichten Pfiff. Die exotischen Zutaten dafür besorgt sie in Mulhouse. Etwas besonderes im Diamant Noir sind die Gerichte mit Ziegenfleisch, das nicht so einfach zu beschaffen ist. Assana Tempel fand mit Schäfer Schwarz in Kappel eine Quelle für besonders gutes Ziegen- und Lammfleisch.

Alle Fufu-Gerichte kosten 9,50 Euro, Reisgerichte 8,50 Euro. Ein Rothaus Bier kostet 3 Euro (0,5l), afrikanische Biere wie Gulder oder Flag bekommt man für 6 Euro (0,65l).

Le Diamant Noir

Zähringer Straße 28
79108 Freiburg
0761-2089169

Di bis Do 16 – 23 Uhr
Fr & Sa 16 – 4 Uhr
So & Mo Ruhetag

La Finca

Herderns Spanier

Markus Puscha hat sein Restaurant La Finca getauft, weil der Hof ihn an eine spanische Finca erinnerte. Jetzt, im Herbst braucht man schon Fantasie, um sich im Garten des kleinen Hauses an der Stadtstraße in eine spanische Finca hineinver-

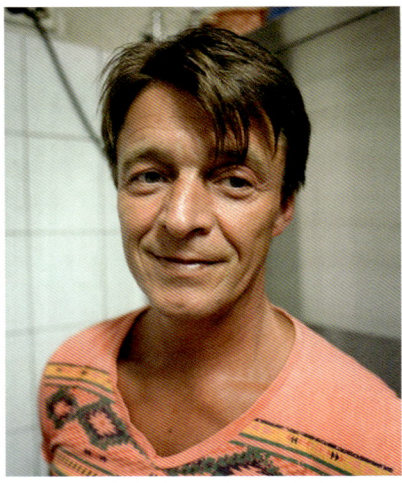

Markus Puscha kocht aus dem Handgelenk

setzt zu fühlen. Aber Fantasie ist auch das Erfolgsrezept des Autodidakten in der Küche. Und weil es so gut ankommt, was Markus Puscha kocht, ist es hier jeden Abend voll besetzt. So eng und lebhaft geht es zu in Stube und Biergarten, dass wir uns dann doch wieder wie in einer spanischen Bodega vorkommen

Mit Talent und Zunge

Markus Puscha kocht aus dem Handgelenk. Von der spanischen Küche hat er das Schnelle, das Improvisieren übernommen und die mediterranen Zutaten – vor allem Fisch und Meeresfrüchte. Es über-

rascht nur auf den ersten Blick, dass er in seinem Leben nur ein paarmal in Spanien war. Der gelernte Bäcker und Konditor ist weniger jemand, der akribisch Rezepte studiert, sondern einer, der seiner Zunge und seinem Talent vertraut. Er steht, wenn man so will, den Jamie Olivers und Tim Mälzers näher als dem katalanischen Design-Koch Ferran Adrià. Was bei ihm abends auf den Spiegeln steht, ist nachmittags um fünf meist noch gar nicht so recht klar und wird nach Laune entschieden.

Immer im Angebot sind Tapas – für 4,10 Euro die Portion. Klassiker wie Boquerones sind dabei, der Ensaladilla rusa oder auch Hähnchenschlegel. Anderes bekommt man nur ab und zu, wie Muscheln in Wein und Tomatensud. Vier, fünf Tagesgerichte stehen abends auf der Karte. Etwas Besonderes ist auch das geschnetzelte Conejo, das Markus Puscha heute zaubert. Häufig dabei ist das Rumpsteak (22,90 Euro), für das ihn seine Gäste lieben – noch mehr aber wird Markus Puscha für seine zarte Sepia a la plancha (9,50 Euro) gepriesen.

Carne en salsa – Rindergeschnetzeltes

Im Garten der Finca

Der Tipp für zarten Tintenfisch

Wir durften Markus Puscha über die Schulter schauen und Tricks abschauen. Wie man es schafft, dass die Sepien nicht zäh werden, hat er uns auch verraten. Am besten geht es mit schockgefrosteter Ware. Durch den Temperaturschock platzen beim Auftauen die Zellen, was sie beim Kochen dann zart macht. Zweiter Tipp: Size matters! Einer der Tuben sollte ungefähr 200 Gramm wiegen – aber nicht mehr. Dritter Tipp: Vor dem Braten sollte man sie rautenförmig anritzen. In der heißen Pfanne ohne Öl braten, bis die gesamte Feuchtigkeit weg ist, dann Olivenöl dazu und 30 Sekunden fertig braten. Köstlich!

Ein paar Getränke

Ein Café Solo kostet 2 Euro, ein Glas Vinho Verde bekommt man für 4,90 Euro einen leckeren Tempranillo Crianza für 6,40 Euro. Alle Weine werden zu fairen Preisen auch flaschenweise außer Haus verkauft.

La Finca

Stadtstraße 50
79104 Freiburg
0761-2967229

Di bis Sa 17.30 – 24 Uhr
So & Mo Ruhetag

Pizzeria da Carmelo

Italienische Sehnsüchte im ehemaligen Rhodia-Stüble

Nach Italien ist es nicht weit. Mit dem Auto mal schnell über die Alpen und schon ist man da. Noch schneller geht es ins Industriegebiet Nord. Zu Carmelo ins ehemalige Rhodia-Stüble. In einer unwirtlichen

Italien bei sich selbst

Gegend, gegenüber von Möbelcentern, zwischen Industriebrachen, parkenden LKWs und abgestellten Anhängern liegt eine kleine Insel der Italianità.

Carmelo Pezzuto hat die Vereinsgaststätte des SV Rhodia vor fünf Jahren übernommen. Mit italienischer Küche – er selbst und seine Schwägerin Alessandra Pezzutto sind dafür zuständig.

Der Knüller der Pizzeria ist allerdings Angelo. Der jüngere Bruder des Wirtes, Angelo Pezzuto, ist Sänger aus Passion und er singt immer wieder hier. Die ge-

samte, nahezu unerschöpfliche Welt des italienischen Schlagers ist sein Programm. Tagsüber dirigiert er eine Kehrmaschine über die Trottoirs und Radwege Freiburgs, abends mutiert er zu Eros Ramazotti. Oder Rocco Granata.

Oder doch lieber Adriano Celentano oder Peppino di Capri? Kein Problem, denn Angelo kann sie alle. „Volare", „Azzurro" oder „Felicita" – diese Lieder werden erklingen an diesem Abend, so wie an vielen anderen auch. Es sind die Wünsche und Sehnsüchte der Gäste, die zählen, und wenn es „Ein Stern, der deinen Namen trägt" sein soll, darf auch DJ Ötzi mal Italiener sein.

Ein Abend für die Italiener Freiburgs

Die Gäste sind Italiener, die schon lange in Freiburg leben. Anna Gregoletto hat ihre Kinder in Freiburg aufgezogen und in vielen Geschäften als Verkäuferin gearbeitet. Jetzt sind die Kinder groß und sie möchte noch etwas Spaß haben, sich mit ihren Freundinnen treffen und die alten Lieder

Das Goldkehlchen – Angelo Pezzuto

Volare…cantare…nel blu dipintu di blu…

hören. Ein anderer Stammgast ist Salvatore Vitiello, der aus Kampanien stammt, wie die Pezzutos. Er ist glücklich, wenn Angelo die Lieder aus der Heimat singt, in einem Dialekt, der selbst für Norditaliener fast unverständlich ist.

Es vergeht keine lange Zeit, da werden die Gesichter weich. Die vertrauten Lieder im Takt des Rhythmusautomaten tun ihre Wirkung. Mitsingen und sich in den Arm nehmen – es darf getanzt werden. Angelos Auftritte kann man bei Carmelo erfragen.

Preiswertes bei Carmelo

Eine Pizza Margherita bekommt man ab 4,50 Euro. Spaghetti Bolognese kosten 6,20 Euro, Lasagne bekommt man für 6,90 Euro. Der Wirtin schmecken die Tagliatelle mit Lachs am besten. Sie kosten 8,30 Euro. Hausgemacht sind Panna cotta und Tiramisu (3,80 Euro), und das schmeckt man auch. Viele Menschen arbeiten tagsüber in dieser Gegend, da kommt ein Mittagstisch gut an. Carmelo bietet von Montag bis Freitag vier Gerichte zwischen 5,50 und 6,90 Euro an.

Pizzeria da Carmelo

Hermann-Mitsch-Straße 38
79108 Freiburg
0761-2088921
www.pizzeria-da-carmelo-freiburg.de

Mo bis Sa 11.30 – 14.30 Uhr
& 17.30 – 24 Uhr
So Ruhetag

Der Osten

Es ist ruhiger geworden am Biosk. Die Studenten sind weg Noch n cht klar ist, was mit der alten Stadthalle passieren wird, nachdem sie als Universitätsblibliothek ausgedient hat.

Im Norden und Süden eingefasst von Schwarzwaldhöhen liegen in Freiburgs Osten einige der beliebtesten Stadtteile: die Oberau in der Nähe der Dreisam, der Stadtteil Waldsee mit seinem See, der Musikhochschule und den Sportanlagen sowie Littenweiler mit der Pädagogischen Hochschule.

Rösterei Schwarzwild

Der Spitzenkaffee von der wilden Hilde

Sie hat sich einen schönen Platz gesucht. In einem Hinterhof mit alten Pflastersteinen fand die Rösterei von Andrea Jauch vor vier Jahren ihr Domizil. Die Räume einer alten Schmiede standen frei und so kehrte wieder Handwerk in die Kartäuserstraße ein.

Die wilde Hilde

In dem rundherum weiß gestrichenen Raum ist reichlich Platz – für neue Ideen, zum Kaffeerösten und zum Kaffeetrinken. Oder um das Kaffeekochen zu erlernen. Andrea Jauch bietet auch kleine Workshops und Seminare rund um den Kaffee an. Auch an einem verregneten Herbsttag ist die Rösterei ein freundlicher und angenehmer Ort – ideal für den Kaffee in der Mittagspause.

Rösterei des Jahres 2013

Nach den Elephant Beans in der Basler Straße war Schwarzwild die zweite neue Rösterei in Freiburg innerhalb kürzester Zeit. Andrea Jauch fand nicht etwa in bella Italia zu den braunen Bohnen, sondern im kühlen Oslo, wo sie eine kleine Rösterei entdeckte und beschloss, sich selbstständig zu machen. Als Betriebswirtin ging sie die Sache planvoll an und ließ sich in der Schweiz neun Monate lang zur ‚Coffeologin' ausbilden. Viel Zeit widmete sie auch der Entwicklung ihres Logos. Und das ist ihr vollauf gelungen. So rührend schüchtern schaut die ‚wilde Hilde' auf die dampfende Kaffeetasse herunter, man vergisst ganz, dass die Bohnen trotz Klimawandel immer noch nicht im Schwarzwald gedeihen wollen.

Somit sind Auswahl und Import guten Rohkaffees ein wichtiger Teil der Arbeit eines Rösters. Wie auch Jörg Volkmann von Elephant Beans setzt sie die Prioritäten bei der Nachverfolgbarkeit statt bei Bio-Zertifikaten, die teuer bezahlt werden müssen, was sich kleine unabhängige Farmer meist nicht leisten können. Sie hat wohl das meiste richtig gemacht. Denn schon zwei Jahre später wurde Schwarzwild von einer Fachzeitschift zur Rösterei des Jahres benannt.

Andrea Jauch

Lichte Räume zum Arbeiten und zum Kaffeetrinken

Vier Trommelröster hat sich Andrea Jauch besorgt. Der eine ist ein hochbetagtes und sehr dekoratives Gerät aus Italien, das sich inzwischen im Vorruhestand befindet, die neuen Maschinen haben eine elektronische Temperaturkontrolle, denn gleichmäßig sollen die Bohnen rösten. Neun Röstungen bekommt man hier – meist sind drei oder vier im Ausschank.

Italienisch oder Karlsbader Kanne?
Ein sensationeller Kaffee steckt in den roten Tüten. Es ist ein Kaffee aus 100 Prozent Robusta-Bohnen. Espresso und Espresso macchiato – selbstverständlich aus frischer Röstung – kosten 1,50 Euro. Einen Café Crème bekommt man für 1,90 Euro, einen Cappuccino für 2,20 Euro und einen Latte Macchiato für 2,40 Euro. Wer Kaffee nach italienischer Machart nicht mag, kann mal eine „Karlsbader Kanne" versuchen. Das ist ein Aufgussverfahren ohne Sieb und Filter. Sie kostet 3,50 Euro. Wer gar keinen Kaffee mag, bekommt für 1,50 Euro auch ein Mineralwasser.

Rösterei Schwarzwild

Kartäuserstraße 60
79102 Freiburg
0761-29088805
www.roesterei-schwarzwild.de

Di bis Fr 11 – 18.30 Uhr
Sa 10 – 14 Uhr
So & Mo Ruhetag

WLAN

Bar Erika
Mehr als 40 Babys

Sie will, dass sich die Leute miteinander unterhalten. Katharina Möckel, die alle nur Kadda nennen. Oder Erika, das akzeptiert sie auch. Und weil sie Menschen liebt, die miteinader reden, ist Kadda nicht unglücklich, dass ihre Bar im Keller ist und Handys deshalb keinen Empfang haben.

Katharina Möckel liebt ‚ihren Sprit'

Als sie der Ruf der Nacht ereilte, war sie dabei, die Freude an ihrem Lehramtsstudium zu verlieren. Die Vorstellung, als Lehrerin Schüler für etwas zu begeistern, das die nun einmal nicht wollen, erschien ihr abwegig. Da ist es in der Bar Erika anders. Ihre Gäste wollen – und sie können – trinken und Spaß haben.

Mit 40 Sorten Gin
Dass man sich hier so wohl fühlt, liegt wiederum an Kadda und ihrer mitreißenden Art. Ihre Karriere als Barfrau begann vor sechs, sieben Jahren in der Sonderbar, wo

man ihre erklärte, „wie das geht mit dem Gin Tonic." Nächste Station war das Hemingway, und spätestens hier war sie angefixt vom Cocktailmixen. Und vom Gin. 40 Sorten Gin sind hinter ihr aufgereiht – „meine Babys". Darunter ein ‚Gin Mare' aus Spanien und ein ‚Saffron' aus Frankreich.

Wer hier nichtsahnend einen Gin Tonic bestellt, wird sich mit einiger Wahrscheinlichkeit in ein längeres Gespräch mit Kadda verwickelt sehen, um herauszufinden, was dem Gast schmecken könnte. „Ich liebe meinen Sprit", sagt sie. Etwas von der aufreibenden Arbeit der Produzenten, die in den Getränken eingefangen ist, möchte sie an ihre Gäste weitergeben.

Bond und Lecter als Zeugen
Leidenschaftlich verteidigt sie, was in einen Drink gehört, zum Beispiel in einen Dry Martini. Und führt Hannibal Lecter und

Ein Gin Tonic nach Kaddas Art

Die Bar Erika vor dem nächtlichen Ansturm

James Bond an, die ja in diesem Punkt nicht irren können.

Ihre erste Zeit in der Kartäuserstraße war schwierig. Die Nachbarn fürchteten ein zweites ‚Crash'. Mittlerweile gibt es keine Probleme mehr. Und dazu tragen auch die „Leise-Lollys" bei, die jeder Gast bekommt, wenn er die Bar verlässt. Mit einem Lutscher im Mund fällt es schwer, laut zu reden und die Nachbarn aufzuwecken.

Aus der Getränkekarte
Ein großes Ganter Bier bekommat man für 3,90 Euro. Cocktails kosten zwischen 8,50 und 12 Euro – etwa einen Monkey Tonic oder der Erika-Cocktail mit Gin, Gurke, Holunderblütensirup und Limettensaft (beide 8,50 Euro). Alle Cocktails ohne Alkohol heißen „Zoe-Special", benannt nach einem Kind namens Zoe. Sie kosten 4,50 bis 6,50 Euro und werden persönlich nach Wunsch gemixt.

Bar Erika

Kartäuserstraße 54/56
79102 Freiburg

Mo bis Do 19 – 2 Uhr
Fr & Sa 19 – 5 Uhr
bei gutem Wetter:
Biergarten 16 – 22 Uhr
So Ruhetag

Raucherbar

Ouzeria

Hellas light

Die Küche Griechenlands spaltet die Geister: zu fett, zu fleischlastig und zu einfallslos war das gängige Vorurteil, und man denkt an Moussaka und Souvlaki. Andere Stimmen attestieren der Küche Griechenlands, eine der gesündesten auf der Welt zu sein. In der Ouzeria überzeugt Ioannis Papageorgiou seit einigen Jahren Freiburgs Restaurantgänger von Letzterem. Mit Leichtigkeit, viel Fisch und weniger Fleisch. Auch die Einrichtung der ehemaligen Sonne macht dem früheren Namen Ehre, mit klaren Linien, Holz, viel Licht und lauschigem Garten. Die Nachbarschaft hat er von Anfang an überzeugen können.

Ein Tipp für Suppenkasper

Typisch für diese Richtung sind Zucchini mit Bliquri & Scampi. Bliquri ist die griechische Bezeichnung für Couscous, was zeigt, wie sehr die Küchen ums Mittelmeer voneinander profitiert haben. Bliquri muss quellen, um zu garen und kann dabei Aromen aufnehmen. Safran, Olivenöl und eine Schalotte formen die Geschmacksnoten. Der fertige Couscous wird dann in Scheiben einer längs geschnittenen Zucchini eingerollt, Eine mittelgroße, klassisch mediterran in Öl, Thymian und Knoblauch gebratene Garnele ist der Clou dieser Vorspeise, die sehr schnell zubereitet ist und köstlich schmeckt (6,20 Euro).

Für Einsteiger

Mit einem Vorspeisenteller fahren alle richtig, die neu in der Ouzeria sind und alle, die sich nicht entscheiden können. Auf der üppigen Platte finden sich gegrillte Paprika und Zucchini, Auberginenmus, Schafskäsecreme, eine Kaviarcreme mit Namen Taramas, Zaziki, Lachs-Creme, Babycalamari, Scampi, verschiedene Hartkäse, panierter

Ioannis Papageorgiou – Koch und Chef in der Ouzeria

Zucchini mit Bliquri & Scampi

Galaktoburiko – Grießbrei mit Orange

Feta und mehr. Für 14,50 Euro bekommt man einen guten Eindruck von der Küche der Ouzeria.

Wer sich immer schon gefragt hat, warum griechischer Schafskäse einen kleinen Anteil Ziegenmilch enthält, hier die Erklärung aus der Ouzeria: Die schlauere Ziege dient als Leittier der Schafherden. Und wird natürlich auch gemolken. So kommt immer etwas Ziegenmilch in den Feta hinein.

Ein Extra-Tipp für Schleckermäuler
Sollte man nach all dem Herzhaften noch Appetit auf Süßes verspüren, so sei ein Ga-

laktoburiko empfohlen, ein mit viel Orange aromatisierter Grießpudding in Blätterteig. Seine Zubereitung ist höchst aufwendig, damit sich viel vom Orangen- und Zitronenaroma verbreitet. Am Ende der Prozedur wird er in reichlich Zuckersirup getränkt und – man ahnt es schon – das macht ihn zu einem sehr süßen Dessert und rückt das Rezept in die Nähe der türkischen Nachbarn mit ihrem Baklava, wenngleich er um einiges feiner schmeckt.

Ouzeria

Lindenmattenstraße 4
79117 Freiburg
0761-61291739
www.ouzeria-freiburg.de

Di bis Sa 17.30 – 24 Uhr
So 12 – 22 Uhr
Mo Ruhetag

Bergäcker Café

Kuchen wie von der Oma

Das Bergäcker Café ist ein junges Café an einem alten Platz. Idyllisch zwischen hohen Bäumen gegenüber dem Friedhof in Littenweiler gelegen und ganz nah an der PH hat Katrin Lippmann ihren Traum von einem eigenen Café verwirklicht. Hier

Trilogie – drei Stückchen fast zum Preis von einem

gibt es WLAN, aber auch Kuchen wie von der Oma.

Die Littenweilerin Katrin Lippmann wurde bei einem Spaziergang auf das Café aufmerksam. Der Traum vom eigenen Café kam allerdings in Neuseeland auf, wo die Touristik-Fachfrau kleine gemütliche Cafés lieben lernte. Zusammen mit ihrer Schwägerin Karoline Latzel hat sie das Café gegenüber dem Bergäcker Friedhof mit Augenmaß eingerichtet und zuvor selbst renoviert. Der Raum ist hell und freundlich und gewährt durch die großen Scheiben des ehemaligen Blumengeschäfts erholsamen Blick in Richtung Friedhof mit seinem vielen Grün. Die

großen Bäume auf der Terrasse helfen als natürliche Schattenspender. Sie machen Sonnenschirme überflüssig.

Man sollte annehmen, dass ein Café vis-à-vis dem Friedhof vor allem ältere Leute anzieht. Doch mittlerweile ist es zum Treffpunkt von PH-Studenten avanciert. Nah genug an der PH, um schnell herüberzufahren, und weit genug weg, um Abstand vom Studium zu gewinnen und durchzuatmen. Oder in entspannter Atmosphäre weiterzuarbeiten: Denn es hat sich herumgesprochen, dass die Terrasse ein idealer Arbeitsplatz für Lerngruppen ist.

Fast wie zu Hause

Die Frauen um Katrin Lippmann konzentrieren sich auf das Machbare und machen es so perfekt wie eben möglich. Einfache Kuchen sind im Angebot, keine voluminösen Torten. Ab halb acht wird gebacken und um neun geht es los. Und damit es nicht zu sehr in Stress ausartet, wechseln sie sich damit ab. Ob Zitronen-Tarte, Elsässer Apfelkuchen, Schokoladenkuchen

Katrin Lippmann stammt aus Littenweiler

Erholsamer Blick ins Grüne – die Terrasse des Bergäcker Cafés

oder Kirsch-Mandel-Streuselkuchen, sie schmecken alle großartig nach Omas Kaffeetafel.

Genuss ohne Reue
Der Clou auf der Karte ist die Trilogie, das sind drei schmale Stückchen Kuchen zum Preis von 3,50 Euro. So kann man mehrere Kuchen probieren, falls die Wahl schwer fällt, ohne der Figur und dem Geldbeutel allzu viel zuzumuten. Die Trilogie darf man sich auch zu zweit oder dritt teilen, wenn es ganz schlank bleiben soll.

Das Angebot – süß und herzhaft
Kuchen kosten 2,90 Euro. Frühstück bekommt man in spartanischen und opulenteren Variationen zwischen 3,70 und 7,80 Euro. Ebenfalls selbst gemacht ist das Eis (1,50 Euro/Kugel). Wer etwas Herzhaftes mag, bekommt Panini (4,20 Euro) oder eine Suppe (4,90 Euro). Der Mittagstisch ist fast immer vegetarisch oder vegan: Quiche mit Salat, Currykartoffeln (6,50 Euro) oder einen Linsensalat (5,50 Euro). An jedem ersten Sonntag des Monats von 10 bis 14 Uhr gibt es Brunch (13,50 Euro).

Bergäcker Café

Kunzenweg 3
79117 Freiburg
0761-42967070
www.bergaecker.de

Mo bis So 9 – 18 Uhr
So 10 – 18 Uhr

WLAN

Ouzo-Stüble

Wohnzimmer an der Schwarzwaldstraße

Für seine Stammgäste ist das Ouzo-Stüble ein Wohnzimmer. Schon frühmorgens macht die kleine Kneipe auf – zum Feierabendbier. Denn die Gäste kommen von der Nachtschicht. Kosta Tsenios, der Wirt, ist einer von ihnen.

Kosta Tsenios

Nach der Schicht, da kann er nicht einfach schlafen gehen. Nach der Schicht, das ist um sechs Uhr früh und das Bierchen zum Feierabend muss er eben am Vormittag trinken. Kosta ist 45 Jahre und arbeitet in der Nachtschicht – im Fotolabor bei Cewe in Eschbach. Dazu schmeißt er die Kneipe, zusammen mit seinen Eltern Dimitri und Eleni.

Die anderen hier haben einander und ihre Sehnsucht nach einer freundlicheren Welt. Jochen Halbach, der Werbegrafiker hat seine Träume noch nicht ganz begraben. Einen Dokumentarfilm über Freiburg will er drehen. Zeit seines Lebens hat er fotografiert, mit seiner Rolleicord in Sechsmalsechs. Die Fotos von seinen kleinen Fluchten hängen mitsamt den anderen bunten Bildern aus fernen Ländern im Wohnzimmer an der Schwarzwaldstraße.

Die alte „Werkstatt"

Jochen Halbach ist mit der Kneipe aufs engste verbunden, hat er doch seine Lebensgefährtin hier kennengelernt. „Werkstatt" hieß das hier früher. In den 80ern war es eine Szenekneipe und auch eine Schwulenkneipe. Bis ein Mord geschah. 1985 war das und danach war's erst mal aus mit lustig. Die Gäste blieben aus, die Wirte wechselten. Bis die Familie Tsenios kam.

Eleni und Dimitri Tsenios hatten mit dem Ouzo-Stüble gastronomisch viel im Sinn, als sie die Kneipe übernahmen. Frischen Fisch gab's vom Holzkohlegrill. Der Fisch wurde direkt aus Frankreich geholt. Eleni Tsenios stand selbst in der Küche.

Jenseits von Afrika

Silicon for the Senses

Doch den Gästen war es zu teuer. Und so blieb der Fisch zu oft im Kühlschrank, solange, bis er nicht mehr frisch war. Das rechnete sich nicht und so war es schnell vorbei mit der Küche im Ouzo-Stüble. Nur ein Gericht ist geblieben: das Getreideschnitzel mit Bratensauce. Das ist immer da und wird fleißig geordert.

Das Schnitzel wird in Gläsern serviert. Auf der Karte heißt es Bier und kostet 2,60 Euro – ein halber Liter. Das „Erlebnis-Bier"

von der Brauerei Altenmünster wurde vor einigen Jahren durch Bier von Felsgold ersetzt – mit vergleichbarem Erlebnswert. Die Bratensauce dazu heißt Ramazotti und kostet 3 Euro.

Ouzo-Stüble

Schwarzwaldstraße 117
79117 Freiburg
0761-2927605

Mo bis Fr 9 – 24 Uhr
So 9 – 15 Uhr
Sa Ruhetag

Raucherkneipe

Pizzeria San Marino

Gutbürgerlich italienisch in Littenweiler

Hinter unscheinbarem Äußeren in der beschaulichen Hansjakobstraße verbirgt sich eine Bastion italienischer Kochtradition. Das Ristorante San Marino ist in einem unscheinbaren 50er-Jahre Wohnhaus untergebracht. Das macht neugierig. Darf

Pizza Napoli – mit perfekter Wölbung am Rand

man hinter der Tür ein Italienidyll der 50er Jahre erwarten, mit rotweiß karierten Decken, riesigen Chiantiflaschen im Bastkleid und den betörenden Gesängen Peppino di Capris, Adriano Celentanos und Rocco Granatas?

Nicht ganz. Denn drinnen ist das San Marino ein Kind der 80er. Dunkle Holzvertäfelungen, cremefarbene Decken, Gediegenheit überall und aus dem Lautsprecher stimmt Eros Ramazotti die Magenwände auf kommende Freuden ein. Erstaunlich betriebsam ist es mittags. Gutsituierte Rentner aus den Littenweiler-Häuschen drumherum sind es, die hier speisen.

Regina Margherita

Francesco Caridi macht in seinem Ristorante San Marino in Littenweiler ausgezeichnete Pizza nach neapolitanischem Vorbild. Hier steht jemand in der Küche, der weiß, wie man einen Pizzateig zu behandeln hat.

Ideal aller Pizzen ist die Margherita. Sie heißt hier im San Marino Regina. Denn Namensgeberin Margherita war eine Regina, eine Königin, die 1889 zu Besuch in Neapel war. Eine Königin mit Lust auf Pizza. Und Pizzaiolo Raffaele beglückte sie mit einer Pizza in den italienischen Nationalfarben: mit roten Tomaten, weißem Mozzarella und grünem Basilikum, die Geburt der Pizza Margherita. So die Legende.

Ein idealer Pizzateig ist dünn, sehr dünn und knackig, dabei aber nicht bröselig – elastisch, aber nicht labberig. 290 Gramm darf eine Kugel Teig haben – mehr nicht. So ein leichter Teig trägt etwas Sugo, Mozzarella, ein paar Sardellen oder Oliven, aber nicht die aufgepimpten Beläge nach amerikanischem Geschmack. Die Pizza-

Die Riesen-Dorade, sie passte nicht ganz aufs Bild

Francesco Caridi

karte ist kurz. Pizza bekommt man hier ab 6,50 Euro. Außer den Pizzen weist Caridis Speisekarte alle Klassiker der italienischen Küche auf. Darunter V tello Tonnato (11,50 Euro), Lasagne (8,90 Euro), Spaghetti Bolognese (8,90 Euro), Saltimbocca romana (19,50 Euro).

Es geht aber auch ganz anders. Ein Stammgast spaziert gleich in die Küche, um zu erfahren, was Francesco heute Leckeres für ihn hat. Eine Dorade ist es, den er für seinen Stammgast brät, und am Tisch auseinander nimmt. Sensationell ist das Olivenöl aus Kalabrien, das darübergeträufelt wird.

Der prima Espresso von der Rösterei Mauro kostet 1,80 Euro. Offene Weine in rot und weiß bekommt man für 4,50 bis 4,80 Euro das Viertel. Wasser (0,4l) kostet 2,80 Euro, ein kleines Ganter Bier 3 Euro.

Ein Extra-Tipp: Thomas Scheytt
Seit 20 Jahren spielt an jedem dritten Mittwoch im Monat der bekannte Boogie-Woogie-Pianist Thomas Scheytt ab19.30 Uhr.

Pizzeria San Marino

Hansjakobstraße 110
79117 Freiburg
0761-69420

täglich 11.30 – 14.30 & 17.30 – 23 Uhr
Küche bis 22.30 Uhr

Bauerntafel auf St. Barbara

Tafeln im Grünen

Im Wald einkehren und trotzdem in der Stadt bleiben – das geht auch in St. Barbara. Die Waldgaststätte ist eine willkommene Alternative zu den ähnlich stadtnah gelegenen St. Valentin und St. Ottilien.

Erst 2004 wurde das in den 70ern geschlossene Ausflugslokal nach einem fast 30-jährigem Dornröschenschlaf wieder wachgeküsst. Das ist Jörg Schneider zu verdanken. Der Winzersohn hat 14 Jahre um die Genehmigung gekämpft, um dann das alte Haus nach eigenen Ideen sanieren zu lassen.

Mit viel Gespür für die Natur und unter Verzicht auf Schwarzwaldkitsch wurden Gebäude und Gastraum neu gestaltet – mit selbst geschlagenem Holz. Die großen Türen lassen sich auf der gesamten Seite zur Terrasse hin öffnen. Holzschnitzereien,

Spielplatz, Bouleplatz, Esel und Ziegen sorgen für Gemütlichkeit und Bespaßung für Groß und Klein, falls es nötig sein sollte.

Bauernglück an der Barbara-Tafel

Bauerntafel nennt Jörg Schneider das neue Küchenkonzept. Es setzt voll auf den Trend zu kleinen Portionen und zum Wunsch der Gäste, zu probieren und zu kombinieren.

Wer an der Bauerntafel Platz nimmt, hat die Wahl aus rund 25 kleinen Gerichten, den „Schwarzwälder Tapas". Und die haben es in sich. Vorbildlich ist der Bibiliskäs. Denn der wird hier selbst gemacht aus frischer Milch und nicht wie sonst aus Quark zusammengerührt. Das Ergebnis: wir essen hier keine plumpsige Masse, das Ergebnis ist leichter und hat eine etwas körnige Textur. Sehr delikat!

Nicht nur fürs Federvieh – auf St. Barbara kann man sich's gut gehen lassen

Im Haus aus Milch gemachter Bibiliskäs

Ziegenkäse mit Feige

Tapas und mehr

Und so setzt sich das fort. Das meiste, was wir probieren, schmeckt besser als gewohnt, ob es die großartigen Flammenkuchen sind (4,50 Euro), die Wildterrine (7,50 Euro) oder der Ziegenkäse mit dem Feigen-Walnuss-Krokant (6,50 Euro). Wir wissen nicht, welche Schwarzwälder Bauern einst bei Feigen-Walnuss-Krokant getafelt haben, aber es müssen glückliche Bauern gewesen sein.

Auch ein Schäferwagen steht auf dem Gelände, der von Jörg Schneider selbst ausgebaut wurde. Er lässt sich für kleinere Runden mieten – zu einem geselligen Beisammensein bei einem Fondue etwa.

Es ist klar, dass die leckeren Markgräfler Weine des Familienweinguts zum Ausschank kommen. Ein Viertel Gutede bekommt man für 3,90 Euro, einen Spätburgunder für 4,90 Euro. Ein großes Waldhaus Pils bekommt man für 3,50 Euro, eine Flasche Mineralwasser kostet 3,90 Euro (0,4l).

St. Barbara ist auch ohne größere Vorplanung in 20 Minuten gut zu Fuß von Litterweiler aus zu erreichen.

Bauerntafel auf St. Barbara

Sonnenbergstraße 40
79117 Freiburg
0761-6967020
www.bauerntafel-freiburg.de

April bis Oktober: Di bis Sa 15 – 22 Uhr
November bis März: Do bis Sa 15 – 22 Uhr
So 12 – 22 Uhr

Der Süden

Das Holbeinpferdchen schaut aus der Wiehre nach Süden in Richtung Günterstal.

Die beliebte Wiehre mit ihrer nahezu geschlossenen Gründerzeitbebauung erstreckt sich wie ein schmales Band südlich der Freiburger Altstadt. Zu den südlichen Stadtteilen gehört auch Günterstal, das sich durch Wiesen von der geschlossenen Bebauung des Freiburger Stadtgebiets absetzt und als das eigenständige Dorf wahrgenommen wird, das es mal war. Im Süden liegt auch der neue Stadtteil Vauban, entstanden nach dem Abzug der französischen Soldaten auf dem Gelände der ehemaligen Vauban-Kaserne.

Café im alten Wiehrebahnhof

Das Herz der Wiehre

Das Café im alten Wiehrebahnhof ist ein Hang-Out mit Tradition in der Alternativkultur. Ein Besuch empfiehlt sich nach dem Marktbesuch, vor und nach dem Kinobesuch – oder einfach so. Der Bahnhof mit dem Café ist das gefühlte Zentrum des Stadtteils Wiehre – vor allem seitdem drum herum mittwochs und samstags der Wochenmarkt abgehalten wird.

Dass es den Markt überhaupt an dieser Stelle gibt, ist der Bahn zu verdanken, denn da, wo früher Gleise waren, ist heute genug Platz dafür. Davon profitiert auch der nette Flohmarkt – und nicht zuletzt die Boule-Spieler, die französisches Savoir vivre meinen, aber wohl eher badische Gemächlichkeit zelebrieren.

Heimstatt von Kino und Literaturbüro

Viele Neu-Freiburger bekommen erst nach Jahren mit, dass hier auch ein Kino untergebracht ist – das Kino mit dem umfangreichsten Programm. Mehr als 300 Filme zeigt das Kommunale Kino im Jahr. Vor einigen Jahren zog auch das Literaturbüro

Willkommen im Revier der Boulespieler!

Sag's mit Blumen – Matthias Faller in seinem Element

Freiburg ein. Seither finden einige Male im Monat im Galerieraum des Cafés auch Lesungen und Werkstattgespräche statt.

Kaffee, Kuchen und Schokoküsse

Die Kuchen stammen unter anderem von der Bäckerei Bühler in der Brombergstraße und kosten 2,80 Euro. Abends, wenn der Kuchen alle ist, muss man sich mit kleinen Chipstüten, Erdnüssen oder den beliebten Schokoküssen behelfen (40 Cent).

Die Unabhängigkeit des Cafés hat eine lange Tradition und einzelne verdiente Mitarbeiter haben es im Viertel zu einem legendären Ruf für ihre Liebenswürdigkeit gebracht, andere wieder für ihre Launenhaftigkeit.

Autonom ist das Personal auch bei der Auswahl der Musik. Von House über Klassik bis hin zu Balkan-Folklore ist hier alles drin.

Café im alten Wiehrebahnhof

Urachstraße 40
79102 Freiburg
0761-45980017

Mo & Di, Do & Fr 14 – 24 Uhr
Mi 13.30 – 24 Uhr
Sa 8 – 24 Uhr
So 13 – 24 Uhr

WLAN

Kaffee-Kiste
Das Ape-Café in der Wiehre

Die Kaffee-Kiste hat sich in der Wiehre etabliert. An jedem Tag der Woche steht die Biene an der Dreikönigstraße, Ecke Urachstraße – bei schönem Wetter auch im Winter. Denn „wenn die Sonne scheint, kommen die Leute, da reichen

David Kienzler im Service

schon zehn Grad draußen", hat Peter Flügler festgestellt, der die Kaffee-Kiste 2010 ins Leben rief. Doch bei Regen oder tristem Herbsthimmel, da mache es keinen Sinn, den Wagen herzubewegen.

Freiburgs fleißige Kaffee-Bienchen
Die Idee der mobilen Cafés mit der Piaggio-Ape kommt in Freiburg, so wie überall, gut an. Gerald Walter war vor acht Jahren der erste in Freiburg mit einer Ape. Als Barista gewandet, erregte er mit seinem schicken Auftritt seinerzeit auf dem Stühlinger Kirchplatz großes Aufsehen. Seine Kleidung ist heute legerer geworden, doch wie eh und je steht er mitt-

wochs und samstags auf dem Stühlinger Wochenmarkt und sofort bilden sich lange Warteschlangen von ‚Aficionados', die seinen leckeren Kaffee genießen wollen.

Wie im Sommerurlaub
Für Peter Flügler sind es mittlerweile auch schon fünf Jahre am Dreikönigeck. Der Immobilienmakler Ralf Augustin, Besitzer des Eckhauses, stellte ihm einen Stromanschluss zur Verfügung und so konnte er die Kaffee-Kiste mit Liegestühlen, Bierbänken und nicht zuletzt der Ape selbst dort einrichten und als permanente Urlaubsstimmung inszenieren. Der Platz ist gut gewählt. Davor sind reichlich Grünflächen, bis die nächsten Häuser kommen, eine Folge der früheren Bahnlinie, die für Abstand zur nächsten Häuserzeile gesorgt hat. So hat sich eine nachbarschaftliche und familiär vertraute Szenerie an der Dreikönigstraße eingestellt.

Flügler musste sich gleich nach Gründung des Unternehmens weitgehend aus dem

Die Faema E61 – 40 Jahre im Einsatz für den Kaffee

Café Bonbón – mit Kondensmilch

Ecke Dreikönigstraße – bei Sonne auch im Winter

Tagesgeschäft ausklinken, da er sich auf die Vollendung seiner Doktorarbeit konzentrieren musste. Das ist nun passiert und so freut er sich darauf, jetzt wieder in der Kaffee-Kiste präsent zu sein.

Die Preise fürs Kaffeevergnügen

Ein Espresso kostet 1,40 Euro, einen Espresso Macchiato bekommt man für 1,60 Euro. Ein Cappuccino kostet 2,40 Euro, ein Latte Macchiato 3,10 Euro. Eine Spezialität ist der Café Bonbón (1,80 Euro): Zuerst kommt süße Kondensmilch ins Glas, dann Kaffee obendrauf. Die dicke Kondensmilch bleibt unten. Durch mehr oder weniger heftiges Umrühren kann man den Kaffee individuell mit mehr oder weniger Süße versehen.

Eine Orangina kostet 2,40 Euro. Zur Verpflegung bekommt man hier Engadiner Nussecken. Sie kosten 1 Euro.

Kaffee-Kiste

Dreikönigstraße 47
79102 Freiburg
www.kaffee-kiste.de

bei Sonnenschein:
Mo bis Fr 12 – 18 Uhr
Sa & So 11 – 18 Uhr

Soom Poong
Der Geschmack der Kindheit

Seit fünf Jahren bewirten Sabine und Giuseppe Buscema ihre Gäste im Soom Poong am Basler Tor. Wer an dieser Stelle nur Fastfood erwartet, wird angenehm enttäuscht. Sabine Buscema zaubert ausgezeichnete Gerichte auf den Tisch.

Soom Poong Sabine Buscema

Es war eine mutige Entscheidung, am abgerockten Basler Tor ein Restaurant mit Anspruch aufzumachen. Doch „was du von Herzen wünschst, wird in Erfüllung gehen". Das heißt Soom Poong auf Deutsch und so lautete Sabine Buscemas Vorname, den sie bei ihrer Geburt in Laos bekam.

Giuseppe und Sabine Buscema haben ein halbes Jahr in Laos verbracht, um die Küche zu studieren. Bei Sabine Buscema war es auch ein Vergewissern von Erinnerungen aus der Kindheit. Sie vermisste den Geschmack und die Aromen, ein ent-

scheidender Impuls, selbst ein Restaurant zu eröffnen. Mit laotischer Küche, so wie sie es von ihrer Mutter gelernt hat.

Das ist die Küche des südlichen Laos. Sie steht der vietnamesischen näher, während die nördliche laotische Küche, wie sie das Restaurant Rose serviert, mehr mit der thailändischen verwandt ist. Trotz Verwandtschaft mit den Nachbarn hat die laotische Küche viel Eigenes.

Mehr als in den Küchen der Nachbarländer verwendet man in Laos Koriander. Und beliebter als Duftreis ist der in kleinen Körben dampfgegarte Klebreis, denn er lässt sich hervorragend mit der Hand essen, so wie es in Laos üblich ist.

Leicht und zitronenfrisch – der Goi
Nicht entgehen lassen sollte man sich den Goi – den laotischen Fleischsalat, eine feurig zitronige Angelegenheit, mit von Hand gehacktem Schweinefilet und trocken gerröstetem Klebreis (9,80 Euro). Leicht und

Im Korb gedämpft – Klebreis

Goi – der laotische Fleischsalat

lecker ist dieses Gericht, wie geschaffen für eine Mittagspause, die den Magen nicht beschwert. Bei den Salaten sollte man sich den Papaya-Salat nicht entgehen lassen, eine eigentlich höllisch scharfe Sache, die aber in der Original-Schärfe nur auf Wunsch serviert wird (3,90 Euro).

Viele Gerichte im Soom Poong sehen so aus wie in anderen asiatischen Restaurants. Das täuscht, sie schmecken anders und um vieles besser. Wenn die ehrgeizige Chefin dem Geschmack ihrer Kindheit nachspürt,

muss sie die Zutaten selbst kombinieren. So wird hier von Grund auf gekocht Denn Vorgefertigtes wäre hinderlich.

Beliebter Mittagstisch

Auch bei den Desserts sind Entdeckungen zu machen: etwa die „süße Speise", ein laotisches Nationalgericht mit Kokosmilch, Tapiokakügelchen und Banane.

Der beliebte und sehr preiswerte Mittagstisch umfasst vier verschiedene Gerichte für 6,90 Euro.

Soom Poong

Merzhauser Straße 14
79100 Freiburg
0761-59045945
www.soom-poong.de

Mo, Mi, Do & Fr 12 – 14 & 18 – 23 Uhr
Sa 12 – 23 Uhr
So 16 – 23 Uhr

Mocca Cabaña

Den Säften auf der Spur

Albert Frick war einer der ersten auf weiter Flur, als er vor zehn Jahren begann, eigene Limonaden in seiner Mocca Cabaña auszuschenken. Eine Notlage brachte ihn dazu. Vor zehn Jahren, das war auch die

Albert Frick

Zeit, als die Limonaden mit dem Bio im Markennamen ihren Siegeszug antraten. Albert Frick war der erste in Freiburg, der sie führte, da ist er sich sicher, und prompt waren sie bei ihm ständig ausverkauft.

Das brachte ihn auf den Gedanken, es selbst zu versuchen. Er begann zu experimentieren und hatte Erfolg. Seine ingwerbasierten Limonaden kamen so gut an, dass er bereits vor einiger Zeit die aufwendige Produktion der Grundsäfte wieder aufgegeben hat und eine Saftkelterei

damit beauftragte, die Säfte nach seinen Angaben herzustellen. Denn so toll sie auch schmecken mögen – frische Säfte halten sich nicht lang. Nach zwei Tagen kippen sie, verlieren ihre frische Farbe und verderben.

Kein guter Saft ohne Mühe

Limonade selbst machen, warum eigentlich nicht? Immer mehr Cafés und Bars machen ihre Limonade selbst. Vermutlich liegt es daran, dass das Limonademachen ganz ähnlich wie Cocktailmixen ist, nur ohne Alkohol.

Eine Limonade ist ja nichts anderes als ein Mix aus Säften und Extrakten mit Sprudel vermischt. Die Qualität der Limonade steht und fällt daher mit den Säften, die man dafür verwendet. Und wenn es wirklich gut schmecken soll, muss man experimentieren mit Aromen und Früchten und sich viele Gedanken machen. Der Aufwand ist beträchtlich, wenn es schmecken soll und geeignete Maschinen braucht man zusätz-

Caipi-Feeling ohne Alkohol

Die Mocca Cabaña – freundlich mediterranes Ambiente in der Wiehre

lich dazu. So ist es einfacher, sich ab und zu in die Mocca Cabaña zu begeben und Albert Fricks feine Getränke zu probieren.

Speis & Trank

Ein Glas Ligretta, das ist die Holunderblüten-Grapefruit-Limonade, kostet 3 Euro, ein Glas Ingwer-Trunk 3,30 Euro. Jetzt zum Winter bekommt man auch eine Punsch-Version der beliebten Limonade für 3,50 Euro oder als Ingwer-Punsch für 3,70 Euro. Ein Es-

presso kostet 1,80 Euro, ein Löwen Pils bekommt man für 2,80 Euro (0,33l).

Häufig stehen Eintöpfe auf der Tageskarte eine Minestrone für 4,70 Euro etwa. Oder Quiches, sie kosten zwischen 5 und 8 Euro.

Mocca Cabaña

Kirchstraße 35
79100 Freiburg
0761-7074651

Mo bis Sa 15 – 24 Uhr
So Ruhetag

Dart-Stüble

Im Nirwana

Das Dart-Stüble ist eine Kneipe mit Charakter. Die Gäste wissen, was sie wollen: Bier trinken, Dart spielen, Fußball gucken – und rauchen. Wem vor dem Rauch nicht bange ist, der kann hier eine entspannte

Dart spielen, Fußball gucken

Zeit verbringen beim Bier oder auch beim Dartspiel. Klar, dass fast nur Männer hier verkehren.

„Ralf, nimmst du Dir mal Dein Bier?" Seyitali Binay, der Wirt, möchte sich Zeit für das Gespräch nehmen und Ralf geht mal kurz selbst hinter die Bar. Wie einige der anderen auch ist er fast jeden Tag da. Manche spielen Dart, andere kommen extra deswegen her, mittwochs um acht oder sonst auch schon mal. Eine Männergesellschaft ist das hier, der Frauenanteil geht gegen Null.

Im Dart-Stüble in der Günterstalstraße sind tatsächlich Dart-Spieler zu Hause, es ist nämlich Sitz eines Vereins mit Namen „Nirwana-Dart-Stüble". Prächtige Pokale

zieren das ganze Lokal, man sieht, wie stolz die Spieler auf ihre Erfolge sind. Der lustige Name des Vereins hängt mit der Freiburger Kneipen-Biographie des Pächters zusammen, der schon einige Bars in Freiburg betrieben hat, bevor er das Dart-Stüble aufmachte. Eine davon hieß Nirwana und befand sich in der Herrenstraße.

Mit Tradition

Vor 15 Jahren hat er das Stüble gepachtet. Auch das Stüble hat schon eine lange Geschichte. „Dreißig Jahre", glaubt Binay und wird von den Stammgästen korrigiert: „Vierzig Jahre!" – auf diese Zahl einigen sie sich nach kurzer Diskussion.

Die Stammgäste wissen auch, dass das Dart-Stüble vorher die „Keller-Klause" war und davor war es eine Schwulenkneipe – das „Bobbele". Einige von den Stammgästen sind schon viel länger da als der Wirt. Wären sie nicht sowieso schon da, dann kämen sie extra noch einmal zum Fußballgucken. Der große nagelneue Fernseher

Seyitali Binay

Bier trinken, rauchen

für die Premiere-Übertragung wirkt wie ein Fremdkörper in der kleinen Bar. Außer, wenn Fußball ist, bleibt er aus. Das Geflimmer stört.

Vor allem Bier
Beliebtester Artikel ist das frisch gezapfte Alpirsbacher Bier. Davon bekommt man einen halben Liter für – sage und schreibe – 2,50 Euro, ein Null-Dreier für 2 Euro. Rothaus in Flaschen und Schneider-Weisse

bekommt man ebenfalls für 2,50 Euro. Ein Weißwein – der Wirt kauft nach Marktlage – kostet 2,30 Euro. Wein wird jedoch nicht so oft verlangt.

Einzige Speise sind Salzstangen. Gratis, denn Herr Binay verspricht sich einen höheren Umsatz an Getränken vom Konsum. Eine Motivationshilfe scheinen die Gäste allerdings nicht zu brauchen, denn die Salzstangen bleiben unangetastet.

Dart-Stüble

Günterstalstraße 53
79102 Freiburg
0761-7078230

Mo bis Fr 17 – 1 Uhr

Raucherkneipe

Petite Sophie
Willkommen in der Wiehre

Die Oberwiehre hat endlich ein Café! So oder so ähnlich ist es in den begeisterten Gesichtern zu lesen, die neugierig in die kleine Puppenstube hineinschauen, die Sophies Reich ist. Denn man muss schon

Cassis-Brownie

weit herumfahren, um auf mehr zu stoßen als die Tristesse der Cafés der Kettenbäcker.

Die zweite gute Nachricht: Sophie ist auch am Sonntag für ihre Gäste da. Lange Jahre stand man in Freiburg am Sonntag vor verschlossenen Türen, vor allem bei den Traditions-Cafés. Doch nicht mit Sophie! Hier ist sonntags auf und montags zu. Der kleine Laden in der Wiehre war früher einmal eine Metzgerei. Unter dem Putz erkennt man man noch die alten Kacheln, wenn man genau hinschaut.

Die dritte und allerbeste Nachricht: Sophia Sauter ist eine wunderbare Konditorin. Alles hier schmeckt nach mehr. Und

man darf auch, denn ‚petite' bedeutet nicht nur, dass der Laden klein ist, sondern vor allem, dass es hier nur kleine Stückchen gibt. Leider. Wer Sophia Sauters Kunst in XXL erleben möchte, muss sich nach Sölden in ihr zweites Café begeben. Im ‚Milchcafé' gibt es Kuchen und Torten in klassischen Dimensionen.

Frankreichs Patisserie steht Pate
Der Hang zum Kleinen, das ist die „französische Richtung", sagt Sophia Sauter, damit man nicht „nach einem Stück schon pappsatt ist", sondern Lust auf ein zweites Stück bekommt. Oder ein drittes, warum nicht?

Ihre Macarons, mit Passionsfrucht zum Beispiel, repräsentieren diesen Stil sehr gut. Ein Mandel-Baiser ist die Basis für die Geschmacksrichtung, das kann Vanille, Zitrone, Himbeer oder Passionsfrucht sein (1,50 Euro). Zwischen Deckel und Boden eingebettet ist eine Schicht aus weißer Schoko-

Dreierlei Leckereien aus der Zasiusstraße

Sophia Sauter in ihrer neuen Wirkungsstätte

lade. Der Baiser muss erst leicht trocknen, bevor er bei geringer Temperatur gebacken wird. So bleibt es unter der trockenen Außenhaut feucht. Wenn man dann hineinbeißt, findet eine Geschmacksexplosion von Passionsfrüchten im Mund statt. Ganz erstaunlich.

Sophie Sauter hat im Schwarzen Adler in Oberbergen gelernt, was sie kann. Es sind raffinierte Tricks, etwa wie man eine hauchdünne Schokoschicht auf die perfekte, aber doch instabile Halbkugel des Mousse-au-Chocolat-Dômes aufträgt: Die Mousse herunterkühlen, sie wird steif, jetzt in flüssige Schokolade eintunken, und sie behält ihre perfekte Form (3,50 Euro).

Ein Espresso kostet 1,50 Euro, ein Cappuccino 2,60 Euro.

Petite Sophie

Zasiusstraße 104
79102 Freiburg
0761-48994952

Di bis So 10 – 18 Uhr
Mo Ruhetag

Laterna Magika

Kommunistenküche vom Feinsten

Lothar Baier bringt so schnell nichts aus der Ruhe. Auch ein Gast wie Jérôme Seeburger nicht, der partout das Taboulé probieren will. Seeburger ist Vegetarier und hat hier am Abend zuvor einen Vortrag

Lothar Baier kocht mit Kräutern

gehalten über den ‚Zusammenhang von esoterischer Selbstsuche und Antisemitismus'. Jetzt hat er Hunger, und besteht auf dem Taboulé, das ihm vom Koch leichtsinnigerweise in Aussicht gestellt wurde.

Denn Taboulé ist zwar schnell zubereitet, muss aber eine Weile durchziehen, damit es richtig gut schmeckt. Und ein Gericht herausgeben, das nicht richtig fertig ist, so etwas würde Lothar Baier nicht machen. Lieber startet er noch einen Versuch, den Gast zur Gurkensuppe zu überreden. Doch der bleibt stur und nimmt die Wartezeit in Kauf.

Vor neun Monaten zog das ‚Institut für Sozialkritik' in die Gebäude im Innenhof an der Günterstalstraße ein. Das Institut der Linkskommunisten suchte Räume fürs Büro und ihren Jour Fixe mit den Vorträgen. Und weil nur das gesamte Ensemble inklusive des ehemaligen tschechischen Restaurants gemietet werden konnte, stieg man kurzerhand in die Gastronomie ein.

Küchenpraxis und linke Theorie

Mit Lothar Baier wusste der Verein bereits einen erfahrenen Koch in ihren Reihen. Sein langer Weg zur heutigen Beschäftigung führte über ein Soziologiestudium. Seine Initialzündung als Koch fand hingegen schon als Kind statt – im Zeltlager bei den Pfadfindern, wo er als Zwölfjähriger für alle kochte.

Das Essen hat, wie es im Kurzportrait der Laterna Magika heißt, seine „gern verdrängte politisch-ökonomische Seite". Weil das Brot, das „wir essen, einen anderen nicht satt

Oben Zucker – unten Theorie

Magika-Küche von Lothar Baier – ein Fischcurry mit vielen selbstgemachten Chutneys

macht", werden in der Laterna Magika fünf Prozent von den Einnahmen gespendet.

Solidarisch und preiswert

Dabei ist das Essen hier nicht teuer. Zwischen 6 und 10 Euro kostet der Mittagstisch, immer mit vegetarischer Alternative. Baiers Küche ist bodenständig mit kosmopolitischen Exkursen. Dazu gehört das leckere, mit reichlich Koriander gekochte und köstlichen Chutneys versehene Fischcurry (8 Euro). Doch auch Wildgulasch mit Kartoffelklößen stehen auf dem Mittagsplan, oder Linsen mit Spätzle, und dann wieder Spaghetti Carbonara oder eine Moussaka.

Ganz traditionell kommt das Frühstück daher, mal nicht als x-beliebiges Brunch-Buffet, sondern persönlich vom Meister zubereitet: rustikal, britisch oder traditionell süß (6 & 4 Euro). Wer hier nichts findet, dem hilft vielleicht ein „Strammer Marx" oder ein „Sandwich Rosa" über den knurrenden Magen hinweg – und etwas linker Humor. Solidarische Getränkepreise: ein Augustiner (0,5l) 3 Euro, ein kleines Mineralwasser (0,25l) 1 Euro, Espresso 1,50 Euro.

Laterna Magika

Günterstalstraße 37
79102 Freiburg
0761-7059650
www.ca-ira.net/lm

Di bis Fr 10 – 22 Uhr
Küche 12 – 14 & 18 – 20 Uhr
Sa 10 – 16 Uhr Frühstück
So & Mo Ruhetag   WLAN

Elephant Beans

Das Experimentalstudio rund um den Kaffee

Elephant Beans ist gerade vier Jahre alt geworden. Das Team um Jörg Volkmann hat sich gut in Freiburg etabliert – mit seinem netten Café, seinen Röstungen, aber auch mit innovativen Arten, den Kaffee zuzubereiten. Auf sensationelle Art wird hier

90 Grad sind ideal

Omas handaufgebrühter Kaffee wiederbelebt. Mit schicken Geräten aus Japan und zur Not einem Kurs in der richtigen Handhabung.

Seitdem blitzende Vollautomaten und gleißende Retro-Siebträgermaschinen die Privathaushalte erobert haben, hat die traurige Tröpfelbrühe aus der Filterkaffeemaschine schwer an Ansehen und Boden verloren. Grund dafür ist der billige Industriekaffee, der darin verwendet wird – und die Warmhalteplatten. „Warm halten geht gar nicht" sagt Jörg Volkmann, „dann wird

der Kaffee sofort bitter und sauer". Handaufguss ist deshalb Trumpf beim Filterkaffee und vor allem der Keramikfilter ist dabei wichtig. Anders als die bekannten Filter hat er unten ein großes Loch. Der Kaffee muss zügig durchlaufen, damit er nicht sauer und bitter wird. Das Wasser sollte nicht mehr kochen, wenn aufgegossen wird, sondern um die 90 Grad haben. Dabei hilft ein Thermometer, wenn man will.

Das Ergebnis ist überraschend. Das liegt an den Kaffeesorten, die hier geröstet werden. Perfekt für Filterkaffee sind äthiopische Waldkaffees. So ein Kaffee schmeckt ganz anders als gewohnt, aber wunderbar: Kein Schaum mehr, der vom Geschmack ablenkt, dafür das reine schwarze Vergnügen.

Pionier als Kaffeeröster in Freiburg

Elephant Beans war Freiburgs erste Laden-Rösterei – eigentlich eine naheliegende Geschäftsidee. Warum sich niemand zuvor daran gewagt hat, hängt mit dem Lärm und der Geruchsentwicklung beim Rösten zu-

Jörg Volkmann und Mitarbeiter David Bregulla

Eine Stammkundin im Elephant Beans

sammen. Wenn es um Qualität gehen soll, ist langsames Rösten das entscheidende. Während Industriekaffee unter dem Motto ‚Zeit ist Geld' in zwei, drei Minuten fertig ist, bekommen die Bohnen bei Jörg Volkmann 20 Minuten Zeit zugestanden.

Jörg Volkmann, im ersten Beruf Berater in der Entwicklungshilfe, hat sich einem Netzwerk von kleinen Röstern angeschlossen, um die Rohkaffees selbst zu importieren. In klassischer Fairtrade-Manier werden den Bauern faire Anteile vom Verdienst zugestanden.

Kaffee und mehr

Espresso bekommt man für 2,20 Euro, Espresso Macchiato für 2,40 Euro. Milchkaffee und Latte Macchiato kosten 3,20 Euro. Eine Tasse Filterkaffee bekommt man für 3,20 Euro, ein Kännchen für 5,20 Euro. Mineralwasser kostet 1,80 (0,25l). Eine Frohlunder-Limo bekommt man für 2,50 Euro (0,3l). Dazu passen die leckeren selbstgebackenen Hafer-Cranberry-Cookies (80 Cent).

Elephant Beans

Basler Straße 12a
79100 Freiburg
0761-42960190
www.elephantbeans.de

Mo bis Fr 10 – 18 Uhr
Sa 10 – 15 Uhr
So Ruhetag

Tannenbaum – Goldene Krone

Das panarabische Küchenreich des Mohammed Shenar

„Oh Tannenbaum, oh Tannenbaum...", sang der Vermieter, der den Shenars den Schlüssel zu ihrem neuen Lokal überreichte und ihnen verbot, es umzubenennen. Was die Shenars vor 32 Jahren pachteten, war der Tannenbaum, eine Tradi-

Lichterketten und Kamele – Zauber des Orients

tions-Kneipe drei Häuser weiter. Ein arabisches Lokal mit dem Namen Tannenbaum, das geht doch nicht, dachte Mohammed Shenar damals.

Und doch, es ging – und es ging gut. So gut, dass schon wieder egal war, ob der Tannenbaum noch am ursprünglichen Ort verblieb. Und eigentlich ganz anders heißt: nämlich Goldene Krone. Die Stammgäste würden ihren Tannenbaum an jedem Ort wiedererkennen. Denn hier ist täglich Weihnachten – mit bunten Lichterketten überall, die einen wilden Mix aus arabischem und westlichem Kitsch illumi-

nieren. Museumswürdig sind die Plakate aus den 80ern, die die Renovierung vor einem Jahr überlebten. Von Wand und Decke grüßt der Zirkus Sapperlot, Radio Dreyeckland lädt zu einem Abend mit den 3 Tornados in die Gießereihalle und das Frauenkulturspektakel wirbt um Aufmerksamkeit. Der Tannenbaum ist ein Gesamtkunstwerk, das untrennbar mit seinem Besitzer Mohammed Shenar verwachsen ist.

Die osmanische Welt auf den Tellern

Arabische Küche verspricht ein Schild am Eingang – und gleich darunter „Rinderbraten mit Kartoffeln". „Das Osmanische Reich war mal sehr groß", sagt Mohammed und schmunzelt dabei. Mohammed Shenar stammt aus Nablus in Palästina und wuchs in Jordanien auf. Die Speisekarte des Tannenbaums ist mindestens so umfangreich wie das Osmanische Reich zu seinen besten Zeiten. Und somit wird auch auf der Karte die panarabische Idee in der großzügigen Auslegung Mohammed Shenars fortgeführt: Es gibt eine Bagdad-Platte,

Lamm mit Gemüse

Mohammed Shenar kredenzt arabische Küche – im weitesten Sinn

eine Jericho- und eine Jerusalemplatte. Die Klassiker der arabischen Küche sind vertreten mit Couscous (10,50 Euro), Koftha (10,50 Euro) und Falafeln (8,50 Euro). Doch Gyros und Zaziki kommen auch zu ihrem Recht. Und Pizza.

Preiswertes gegen Hunger und Durst
Hauptgerichte kosten zwischen 6 und 12 Euro. In der Krone wird deftig gekocht, sowohl vegetarisch als auch mit Fleisch. Interessant sind die kleinen Vorspeisen zum Kombinieren: wie Hummus, Feta, Falafe, frittierte Auberginen. Sie kosten zwischen 2,80 und 6 Euro. Mohammed Shenar kocht gern auf Bestellung für Feste und Gruppen.

Konsumfreundliche Preise auch bei den Getränken: Ein kleines Ganter Bier kostet 2 Euro, ein halber Liter 2,80 Euro. Ein Viertel Wein bekommt man für 3 Euro.

Ein Extra-Tipp für den Sommer: der fast unbekannte lauschige kleine Biergarten.

Tannenbaum – Goldene Krone

Kronenstraße 6
79100 Freiburg
0761-72112

täglich 18 – 1 Uhr

Heldenbude

Neues Leben in der Langemarckstraße

Sie ist offen für das, was ihre Gäste wollen. Claudia Held ist Gastgeberin in der Heldenbude, ein Name, der im so genannten Heldenviertel für leichtes Stirnrunzeln sorgte, denn die „Kriegshelden",

Claudia Held

nach denen die Straßen benannt wurden, kämen nach aktuellen Maßstäben bei der Benennung kaum noch in Betracht. Doch Claudia Held hatte eher an die Helden des Alltags gedacht. Und damit vermutlich ein wenig an sich selbst. Denn wie sie es schafft, so cool und gelassen zu bleiben mit ihren drei Kindern und der Bude, das ist schon heldenhaft.

19 Jahre hat sie am Niederrhein gelebt, in Düsseldorf studiert und ihre Kinder bekommen. Und so hat sie einiges vom Talent der Rheinländer, das Leben nicht ganz so ernst zu nehmen, mit zurück nach Freiburg gebracht.

So liegt eine Heiterkeit über dem Heldenbüdchen – angefangen bei der optimistischen, einladend türkisblauen Farbe an der Wand. Die nikotinverseuchten Räume des früheren Höllentalstübles wurden mit Umsicht und Rücksicht auf den erhaltenswerten Kitsch renoviert. Sehenswert sind die Fliesen auf der Toilette, dem „Heilig's Örtle", wie es jetzt heißt.

Alles zugleich und nichts von allem
Die Heldenbude hat von Anfang an voll überzeugt mit dem Konzept, kein Konzept zu haben. Denn sie ist alles zugleich und nichts davon allein: Tagescafé, Mittagsimbiss, Kinderspielplatz mit Sandkasten, Nachbarschaftstreff und Konzert-Location. Zugleich ist sie zweimal in der Woche auch auch Parkplatz für Food-Trucks, die hier zur Freude der Nachbarschaft ihr Essen verkaufen, dienstags ist es der Holy Taco Food Truck und donnerstags kommt Micheles Panzerotti-Imbiss.

Indoor-Sandkasten

Die Heldenbude – hinter der Höllentalbahnlinie

Das kann sich auch wieder ändern. Claudia Held legt sich nicht fest. Sicher ist nur, dass es immer etwas zu essen geben wird.

An den anderen Tagen, wenn die Trucks nicht da sind, gibt es meistens Sandwiches mit Salat. Oder einen Eintopf. Oder ein Curry. Kuchen bekommt man für 2,80 Euro. Kinder freuen sich über Süßigkeiten für wenige Cent.

Getränke und mehr
Der Kaffee kommt von der kleinen Düsseldorfer Rösterei Bazzar. Ein Espresso kostet 1,50 Euro, Milchcafé und Latte Macchiato 2,80 Euro.

In der Heldenbude finden auch kleine Lesungen und Konzerte statt. Wer sich berufen fühlt, kann sich melden und einen Termin für seinen Auftritt vereinbaren.

Heldenbude

Langemarckstraße 103
79100 Freiburg
0761-48828224

Mo bis Fr 10.30 – 18 Uhr
Sa & So 12 – 18 Uhr

Eiscafé Limette

Marrakesh mit zartem Schmelz

Die Limette im Vauban ist ein Eiscafé, das ganz vorne mitspielt, wenn es um Freiburgs beste Eisdiele geht. Christian Steffan ist ein Besessener auf der Suche nach neuen Ideen. Neue Eiskreationen findet er bei ausgedehnten einsamen Reisen – in der Wüste Nordafrikas. Wenn Christian Steffan übers Eismachen spricht,

Eine Joghurt-Schale

merkt man sofort, dass hier jemand seine Lebensaufgabe gefunden hat. Der Italiener mit ungarischen Wurzeln wurde in Afrika geboren. Bis heute hat ihn die Faszination für Afrika nicht losgelassen. Immer wieder zieht es ihn zu längeren Reisen nach Afrika zurück.

Vor allem die Wüste fasziniert ihn und er bereist sie immer wieder allein in Begleitung von drei Kamelen, die er sich dafür zugelegt hat. In der Wüste, das ist klar, kann man schon einmal Lust auf ein Eis bekommen. Für Christian Steffan aber ist die Wüste tatsächlich eine Quelle der Inspiration für neue Eissorten. Mit einem Nachgeschmack vom Sesam aus Mar-

rakesh im Mund dachte er: „Wie kann ich diesen Sesamgeschmack in einem Eis hervorbringen?" Startschuss für die Sorte Marrakesh.

Ein Eis, das aus der Wüste kommt

So etwas klappt nur, wenn man eine Vorstellung für Geschmack und Konsistenz hat, und dann zielgerichtet darauf hinarbeitet. „Ein Eis mit Joghurt muss schmelzen, ein Schokoladeneis darf etwas fester sein." Auf einem Zettel im Eislabor sind für jede Sorte alle Inhaltsstoffe mit Maßangabe notiert. Eine Grundmischung, die mit Früchten, Vanille oder Schokolade versetzt wird, gibt es hier nicht. Alle Zutaten werden warm verarbeitet. Bei 85 Grad entfalten sich die Aromen am besten. Danach kommen sie in die Eismaschine, werden auf die richtige Konsistenz gerührt und dabei heruntergekühlt.

Sorgfalt, die man schmecken kann

Wie bewusst hier Eis gemacht wird, merkt man auch daran, wie sorgfältig sie in den Bechern zusammengestellt werden. Bei der Joghurt-Schale etwa. Hier gibt es kei-

Ein Krokanto-Becher

Christian Steffan – Wüstentripps mit drei Kamelen

ne süße Geschmackswalze, die alles platt macht, sondern fein Abgestimmtes zwischen süß, sauer, fruchtig und cremig – ein Gedicht. Und wer wissen möchte, wie toll Krokant schmecken kann, sollte einen Krokanto-Becher versuchen. Das Krokant ist hier keine zähe und klebrige Angelegenheit, sondern knackig mit wenig Zucker.

Die Eisbecher kosten alle 5,10 bis 5,60 Euro. Einige sind auch in klein zu haben für 4,10 Euro. Selbst zusammengestellt bekommt man eine kleine Portion mit drei Kugeln für 3,70 Euro, mit fünf Kugeln für 5,30 Euro. Sahne dazu kostet 1 Euro. Das ist auch der Preis für eine Kugel Eis im Außer-Haus-Verkauf. Ein Espresso kostet 1,90 Euro, ein Cappuccino 3,30 Euro. Ein Glas Tafelwasser kostet 1,80 Euro (0,2l).

Das Café mit den klaren Linien und den netten Durchblicken zur Straßenbahn ist das zweite Eiscafé von Christian Steffan, nach der Orangerie in Kirchzarten. Er eröffnete es 2006, nachdem er selbst ins Vauban gezogen war.

Eiscafé Limette

Vaubanallee 14
79100 Freiburg
0761-4797370
www.limette-orangerie.de

Mo bis Sa 10 – 22.30 Uhr
So 11 – 22.30 Uhr
Oktober bis März bis 19 Uhr geöffnet

Der Westen

Die blaue Brücke ist das Ausfalltor nach Westen. Bis zu 10 000 Radfahrer passeren die Wiwili-Brücke, wie sie offiziell heißt, täglich. Gleichzeitig ist es ein Ort der Ruhe, um den Zügen zuzuschauen oder den Sonnenuntergang zu genießen.

Der Freiburger Westen ist groß und weit. Weil im Osten die Berge im Weg stehen, kann sich die Stadt nur nach Westen ausdehnen. Von der blauen Brücke gelangt man in den Stühlinger, ein beliebtes kleinteiliges Wohnviertel mit vielen Kneipen und Restaurants. In südwestlicher Richtung schließt sich Haslach an, das alte Arbeiterviertel, das gerade wieder neu entdeckt wird. Noch weiter westlich liegen Weingarten und das Rieselfeld, der jüngste Stadtteil Freiburgs. Fährt man von der Brücke aus in nordwestlicher Richtung, gelangt man nach Betzenhausen mit dem Seepark und noch weiter westlich davon nach Lehen, ein ehemaliges Dorf.

Mohrentopf
Das neue Küchleinwunder

Dass Alexandra Elatré den Beruf ihres Lebens gefunden hat, merkt jeder sofort, der nur ein paar Minuten mit ihr redet. Zusammen mit ihrem Freund Aldo Russo gründete sie vor zwei Jahren den Mohrentopf,

Alexandra Elatré

um ihrer Leidenschaft fürs Kuchenbacken nachzugehen. Das Tagescafé im Hof von Schmitz Katze in der Haslacher Straße ist seit einem Jahr auch Alex' Produktionsstätte für die Törtchen und Kuchen.

Bestellte Kuchen und Torten liefert Aldo frühmorgens mit dem Fahrrad aus, bevor er seinem Hauptberuf als Postbote nachgeht. Kunden sind einige Cafés und Privatleute, die sich einen Geburtstagskuchen wünschen. Die ganze Pracht kann man sich auf der Webseite anschauen.

Derweil verfertigt Alex die kleinen Kuchen und Kekse fürs Tagescafé. Das ist

sehr gemütlich mit alten Sesseln und vielen Pflanzen im Hof installiert.

Hier bekommt man Brownies, frisch aus der Backstube, und auch Blondies, die Variante mit weißer Schokolade (1 Euro), und kleine Törtchen mit Früchten wie Mandel-Kirsch-Tarte oder Vanille-Mandel- oder Schoko-Macadamia-Törtchen oder Ziegenfrischkäsekuchen. Die meisten kosten 2,50 Euro und jeden Tag sind es andere.

Auch in der Freizeit lässt sie ihre Passion nicht los. Immer wieder erkundet sie andere Städte zu Fuß, um sich in den Cafés inspirieren zu lassen, zu neuen Törtchenideen.

Die Karibik–Schweiz–Connection
Alexandras Vater stammt aus Guadeloupe und kam als französischer Soldat nach Freiburg. Ihre Mutter ist Schweizerin und Alex' Begeisterung für Süßes weckte die Schweizer Oma. So ist ihr Gebäck optisch

Macht gute Laune – das Mohrentopf-Café

Der Bretterbudenchic – hand made by Alex & Aldo

mit karibischer Fröhlichkeit gesegnet, beim Zuckereinsatz herrscht dagegen schweizer Zurückhaltung. Dafür wird mit Butter wieder spendabel umgegangen und so schmecken die Heidesandcookies ganz herrlich buttrig nach Omas Gebäck.

Bei all den süßen Sachen geht leicht unter, dass es auch Herzhaftes im Mohrentopf gibt, nämlich eine Quiche, für die Aldo Russo zuständig ist und die einmal nicht wie ein Omelett schmeckt (3,30 Euro).

Espresso für 1 Euro

Aldo ist auch der Herr der Kaffeemaschine und er muss ihr gut zugeredet haben, denn sie zaubert einen mehr als anständigen Espresso aus einem einfachen Lavazza von der Stange. Nur 1 Euro kostet der Espresso, denn „als Italiener kann ich einfach nicht mehr als 1 Euro für den Espresso nehmen", ist sein Credo. Recht so.

Eine Capri-Sonne bekommt man für 80 Cent, ein Bier für 3,50 Euro.

Mohrentopf

Haslacher Straße 41
79115 Freiburg
www.mohrentopf.com

Mo bis Do 11.30 – 17 Uhr
Fr, Sa & So Ruhetag

Gasthaus zum Löwen

Die badische Basis im Westen

Bewegt man sich aus Freiburgs beschaulicher Innenstadt nach Westen durch bisweilen gar nicht mehr so anheimelnde Stadtteile, merkt man bei der Durchfahrt durch Lehen, dass man sich hier in in einem ehemaligen Dorf befindet, das

Klemens Disch

von einer wachsenden Großstadt eingeholt wurde. Dörflich sind hier die niedrigeren alten Häuser, die zum Teil schräg in die Straßenflucht gesetzt sind. Eines davon ist das Haus zum Löwen mit seiner eindrucksvollen Doppeltreppe hoch zur Gaststube und der Vertrauen bildenden Metzgerei im Erdgeschoss.

Drinnen in der Gaststube setzt sich dieser Eindruck fort. Dunkle Holztische, der Kachelofen, die Insignien badischer

Gastlichkeit sind vorhanden. Seit drei Generationen ist der Löwen im Besitz der Familie Disch. In diesem Jahre wurden es 111 Jahre. Drei Brüder, Berthold, Wilhelm und Klemens Disch, bewirtschaften jeweils Metzgerei, Hotel und das Gasthaus. Und so trafen wir Klemens Disch, um zu sehen, wie er eine Kalbshaxe zubereitet.

Preisgekrönte Metzgerei im Haus

Die Haxe stammt, wie könnte es anders sein, aus der familieneigenen Metzgerei, die ihrerseits bei anderer Gelegenheit mit Teigwaren punkten konnte. Berthold Disch gewann vor drei Jahren einen baden-württembergischen Maultaschenwettbewerb. Mit dem schwäbischen „Nationalgericht" siegte ein Badener – das sorgte für Aufsehen im Ländle und für einen großen Maultaschenabsatz in der Metzgerei.

Bei Berthold Disch im Kühlraum darf alles Fleisch am Knochen reifen, so wie es früher Standard war, bevor die Vakuumierung kam. „Dry-aged" heißt die klassische Fleischreifung werbewirksam heute. In Berthold

Mit Bratensaft begießen, dann wird es zart

Die Kalbshaxe für zwei

Kürbiskernparfait mit Buchteln

Dischs Metzgerei ist alles „dry-aged", ohne dass es so genannt werden muss.

Badische Küche aufs Beste

Eine Kalbshaxe kommt mit einer mäßigen Backofentemperatur, und ab und zu mit dem Bratensaft übergossen, in einer überschaubaren Zeit von zwei Stunden zum Ziel, einem saftigen aromatischen Sonntagsbraten auf klassische Art. Der beeindruckt Familie und Gäste durch sein Äußeres und sein Duft lässt bei allen das Wasser im Munde zusammenlaufen. Solche und andere Braten bekommt man im Löwen samt Suppe und Nachtisch als Badischen Mittagstisch am Sonntag für 24 bis 34 Euro.

Das gesamte Angebot überzeugt: Eine Maultaschensuppe kostet 4 Euro. Auch Sulz (10,50 Euro) und Leberle (12,50) bekommt man hier in bester Qualität, oder ein Steak mit Brägele (20 Euro). Zum Nachtisch darf man sich mit leckeren Apfelküchle (7,50 Euro) verwöhnen lassen. Oder mit einem herbstlichen Kürbiskernparfait mit Buchteln (8 Euro). Ein Viertel Weißwein bekommt man für 2,90 Euro, ein Viertel Spätburgunder für 5,40 Euro.

Gasthaus zum Löwen

Breisgauer Straße 62
79110 Freiburg
0761-82216
www.zum-loewen-freiburg-lehen.de

Mi bis Sa 16 – 24 Uhr
So 12 – 14 & 16 – 24 Uhr
Küche bis 22 Uhr
Mo & Di Ruhetag   WLAN

Wum–Stüble
Chillen unterm Tankstellendach

Das Wum-Stüble hätte das Zeug dazu, eine Kult-Kneipe zu werden. Mitten im Gewerbegebiet lädt ein Biergarten unterm Tankstellendach zum gemütlichen Abhängen bis zwei Uhr nachts ein, ohne dass Beschwerden von Nachbarn zu befürchten wären – und das nicht nur bei der kommenden Europameisterschaft. Sylvia und Sorin Lorinti sind ausgesprochen nette und lockere Gastgeber, da überraschen die geldbeutelschonenden Getränkepreise nicht.

Die Kneipe ist untergebracht in einer naturbelassenen ehemaligen Tankstelle an der Lörracher Straße – genauer gesagt in der rechten Hälfte des Gebäudes. Denn links ist ein anderer Gewerbebetrieb, das Noblesse 1, untergekommen. Dem können wir uns hier nicht widmen.

Beide Betriebe wirtschaften seit 1974 einträchtig nebeneinander, haben aber sonst nichts miteinander zu tun. Und natürlich wollen wir wissen, ob Loriots kleiner Hund aus der Quizshow „Drei mal Neun" Namensgeber war? Der Protest der Stammgäste kommt so schnell, als seien sie schon sehr häufig danach gefragt worden: Mit Loriot hat der Name überhaupt nichts zu tun. Was war's also? Hmm, so genau wissen sie das auch nicht. War's der Name eines benachbarten Mineralölhändlers oder der Name der Autowaschstraße unterhalb vom heutigen Noblesse? Die Autowaschstraße war jedenfalls vor Zeiten die modernste in ganz Freiburg. Von hinten schmutzig reinfahren und vorne sauber wieder herauskommen, das gab's hier zum ersten Mal.

Eine bunte Mischung
„90 Prozent meiner Gäste sind Stammgäste, Geschäftsleute aus dem Gewerbegebiet", sagt Sorin Lorinti. Er kam vor 20 Jahren aus Rumänien nach Freiburg und betreibt mit seiner Frau Sylvia seitdem das Wum-Stüble. Seine Stammgäste sind

Nur baulich vereint: links „Noblesse", rechts das „Wum-Stüble"

Stammgäste in der Kneipe für Jedermann

schon zu Mittag recht präsent. Abends wird es dann bunter. Denn Wums Nachbar ist das Morat-Institut mit seinen Ausstellungen und den Avantgarde-Konzerten des weltbekannten Ensemble Recherche. Und so sitzt auch das Konzertpublikum nach zehn Uhr abends bei den Lorintis im Biergarten. Oder Sportler der zahlreichen Vereine in der Gegend, die sich nach schweißtreibendem Training dort ein Bierchen genehmigen.

Tuica, das Teufelszeug

Zwei junge Frauen hat es von draußen hineingespült. Beschleunigt durch reichlich Pflaumenschnaps gehen die Gespräche am Tresen recht bald ins Grundsätzliche: Die Männer, die Frauen? Frauenfußball ja oder nein? Der SC, das Stadion? Tuica, das rumänische Nationalgetränk, ist ein Teufelszeug. Samtweich verführt der Schnaps dazu, mehr zu trinken als gut tut. Zumindest finanziell muss man das hier nicht bereuen. Auch beim Bier nicht: 3,50 Euro kostet ein halber Liter Ganter. Verhungern muss hier auch niemand, auch wenn Kochen nicht wirklich die Leidenschaft des Wirtes ist. So wartet man besser auf den nächsten Sommer, wenn im Biergarten der Grill angeworfen wird.

Wum-Stüble

Todtnauer Straße 1
79115 Freiburg
0761-494125

Mo bis Fr 11 – 2 Uhr
Sa & So Ruhetag

Pizzeria Pinocchio
Beim Cavaliere

Er ist ein Großer. Das weiß niemand besser als Enzo Guida selbst. Seit 16 Jahren hält er in Freiburg-Haslach die Tugenden der italienischen Küche hoch. Er ist ein Cavaliere – der italienische Staatspräsident Ciampi persönlich verlieh ihm den Ritterschlag für seine Verdienste.

Enzo Guida – frisch aus dem Urlaub

Schon 46 Jahre lang lebt Enzo Guida in Freiburg. Sein Karrierestart war klassisch: als Tellerwäscher im Bahnhofsrestaurant – für 1,10 Mark die Stunde. Mit etwas mehr Deutschkenntnissen ging es dann als Kellner weiter, bei Roland Burtsche im Colombi-Restaurant, bis er es dann zum eigenen Restaurant brachte. Zwischenzeitlich waren fünf Restaurants in der Region gleichzeitig unter seiner Regie: in Neuenburg, Offenburg, Todtnau und Weil am Rhein.

Und heute in Haslach. Enzo Guida ist zufrieden. Er wollte nicht in die Innenstadt. Wegen der hohen Mieten. Und er freut

sich, wenn seine Gäste ihn auch in Haslach finden. Und mit ihm plaudern, und auch ein wenig brummeln über den Zustand der italienischen Küche im Allgemeinen und in Deutschland im Besonderen. Die meisten Gäste des Pinocchio stammen aus der Haslacher Nachbarschaft.

Pinocchios Speisekarte
Die Klassiker der italienischen Küche stehen auf der Karte – und Pizza. Auch für Enzo Guida ist die Margherita die Königin aller Pizzen. Und so bekommen wir sie hier auch ganz vorbildlich auf den Tisch. Pizza bekommt man hier für 6,80 bis 11 Euro. Spaghetti Napoli kosten 7,50 Euro, Bolognese 7,80 Euro. Ein Schnitzel, eine Piccata Milanese, kostet 13,20 Euro. Frischen Fisch gibt's auch. Herr Guida besorgt die Fische frisch aus Colmar. Dorade, Lachs und Wolfsbarsch stehen auf der Karte. Sie kosten zwischen 19,90 und 26 Euro. Den wunderbaren Meeresfrüchtesalat bekommt man für 8,90 Euro.

Sergio schmeckt die Bolo

Panna cotta

Insalata Frutti di Mare

Der Salat bezieht seine Delikatesse unter anderem von dem tollen Olivenöl, das reichlich darübergeträufelt wird. Und nicht entgehen lassen sollte man sich den Nachtisch, zum Beispiel eine hausgemachte Panna cotta, die wir leckerer in Freiburg noch nie gegessen haben (4,90 Euro).

Espresso aus eigener Röstung
Und selbst beim Espresso wurde die Erwartung noch einmal übertroffen. Der Espresso ist einfach perfekt: kräftig und schokoladig, bitter und dabei ohne Säure. Das hat seinen Grund. Enzo Guida besitzt selbst eine kleine Rösterei in Neapel. Der Kaffee wird langsam, eine halbe Stunde lang geröstet. Seinen Kaffee kann man in Freiburg auch an anderer Stelle trinken, im Restaurant Lichtblick oder, am besten trinkt man ihn wohl bei ihm selbst, im Pinocchio.

Der Espresso kostet 2,10 Euro, ein Cappuccino 2,60 Euro. Ein kleines Mineralwasser bekommt man für 1,60 Euro. Ein Viertel Weißwein kostet 4 ,50 Euro, ein Viertel Chianti 4,70 Euro. Ein kleines Ganter Pils bekommt man für 2,80 Euro (0,3l).

Pizzeria Pinocchio

Julius-Brecht-Straße 3
79115 Freiburg
0761-445617

Di bis So 17 – 24 Uhr
Mo Ruhetag

Der Backladen

Alle Küchen der Welt in einem Kiosk

Der Backladen hat sich bei einer einge-schworenen Klientel zu einem Dauer-brenner für die mittägliche Verköstigung entwickelt. Ralph Tröndle geht in seinem Geschäft in der Haslacher Straße seit zehn Jahren seiner Leidenschaft fürs Ko-

Spanferkel-Rollbraten mit Rotkohl & Knödeln

chen nach. Von der Carbonara bis zum Hummer serviert er auf seinem Tischchen alles, was die Küchen der Welt an Gerich-ten hergeben. Und nicht nur das: Sein Backladen ist ein Rettungsanker für leere Kühlschränke am Sonntag, denn er ist an allen Tagen im Jahr geöffnet. An allen.

Backladen, Haslacher Straße. Wo soll denn das sein? Kenne ich nicht. Stirn-runzeln, auch bei Freiburgern mit Orts-kenntnis. Und tatsächlich, man kann den Backladen übersehen, denn er sieht im Vorbeifahren aus wie eine normale kleine Bäckerei. Ralph Tröndles einzigartige klei-ne Welt ist Tante-Emma-Laden, Bäckerei

und Kiosk an 365 Tagen im Jahr – und ein sehr engagierter Mittagstisch von Montag bis Freitag. An dem kleinen Tischchen mit den zwei Stühlen präsentiert Ralph Trönd-le seine neuesten Küchenkreationen. Hier und an der Fensterbank, an den drei Barho-ckern, kann man sie testen und genießen.

Hier trifft sich die Haslacher Nachbarschaft. Es sind viele Studenten darunter von ge-genüber aus der Häuserzeile mit den klei-nen Wohnungen und Arbeiter, die zur Mit-tagspause kommen oder gleich um sechs von der Nachtschicht. Die meisten kom-men immer wieder und sind gespannt, was der Ralph wieder ausgeheckt hat.

Vom Operntrip in die Haslacherstraße

Der Mann mit dem roten Schal ist einer von ihnen. Ein pensionierter Lehrer, gerade ist er aus Wien zurück. Bei Rotkohl und Span-ferkel berichtet er seinen Tischgenossen, einem Künstler aus Bolivien, noch ganz beschwingt von seinem Operntrip. Der dritte Mittagsgast im Backladen ist ein angehen-der Webdesigner, der für einen Kaffee und

Ralph Tröndle

Ganz Haslach in einem Kiosk – an 365 Tagen im Jahr

einen Blick in die Süddeutsche von der Grafikschule herübergesprungen ist.

Im Wochenplan für den Mittagstisch offenbart sich großes Fernweh, verbunden mit solider Bodenhaftung. Ein Querschnitt: Vitello Tonnato (7 Euro), Sauerbraten (6,50 Euro), Miesmuscheln al Mare (6 Euro), kreolischer Bohneneintopf mit Schweinsfüßen (5,50 Euro), italienische Fischsuppe nach Marktfrauenart (9,50 Euro), neapolitanische Artischocken (6 Euro), Fisch auf jamaikanische Art (9 Euro), Spaghetti Carbonara (4,50 Euro), thailändisches Curry mit rotem Jasminreis (8 Euro), Wachteln am Spieß mit Pommes Juliennes (8,50 Euro). Dabei macht Ralph Tröndle vor gar nichts halt, auch vor einem Hummer nicht. Den gibt's an Weihnachten für 19 Euro, natürlich nur auf Bestellung.

Beliebt bei der Kundschaft ist die Quiche, vor allem bei denen, die zum Mittagessen zu spät gekommen sind. Ein Viertel Wein bekommt man für 3,50 Euro. Kaffee und Espresso kosten 1,50 Euro.

Der Backladen

Haslacher Straße 84
79115 Freiburg
0761-4764589
www.der-backladen.de

Mo bis Fr 6 – 20 Uhr
Oktober bis März abends bis 18.30 Uhr
Sa & So 7 – 16 Uhr

Hofcafé Corosol

Ein Hauch Karibik

Die Musik verrät es. Omer Caban-Chastas stammt aus der Karibik, aus Guadeloupe genauer gesagt. Und so geben die heiteren Klänge des Zouk ein wenig karibische Fröhlichkeit in den Raum, kräftig unter-

Omer Caban-Chastas

stützt von der warmen Abendsonne, in der man sich so richtig aalen kann vor dem Hofcafé Corosol. So kann man sich wohlfühlen hier, und sollte die Sonne einmal nicht scheinen, bieten die Räume drinnen ein ähnliches Ambiente mit warmen Farben, mit Sofas und Sesseln, um darin zu versinken.

Omer Caban-Chastas ist seit zwölf Jahren in Deutschland und betätigte sich zuerst pädagogisch in sozialen Einrichtungen der Kinderbetreuung. Vor drei Jahren ergriff er die Gelegenheit, in den Gewerbehof im Stühlinger mit einzusteigen und eröffnete das Hofcafé.

Im Gewerbehof Stühlinger

Es ist ein einzigartiges Ensemble aus Kunst, Gewerbe und Kunstgewerbe. Im Gewerbehof im Stühlinger residiert das bekannte Theater der ‚Immoralisten‘, Martin Steinhauser und Patrick Frei fertigen Schuhe, Taschen und Koffer, Oliver Baur macht Kunst aus Metall, Stephanie Freitag brennt Perlen, Angelika Hanser und Alfred Vogelmann liefern Bio-Obst und -Gemüse in der Biohöfe-Frischekiste aus und die Floristin Andrea Beuchlen bindet Sträuße für alle Gelegenheiten.

Und als einziger gastronomischer Betrieb kommt noch das Hofcafé Corosol dazu. Doch auch hier gibt es ein Kulturprogramm: Immer wieder finden Lesungen oder kleine Konzerte statt – mit Jazz oder Folkloristischem.

Karibisches Rindfleisch

Das Hofcafé

Speis und Trank

Mittags zwischen 12 und 15 Uhr serviert das Hofcafé einen preiswerter Mittagstisch mit Salat. Das können mal Bandnudeln mit Pilzen sein oder Chili con Carne (beides 6,50 Euro) oder Kräuterpfannkuchen (7,50 Euro). Highlight sind die karibischen Gerichte, die der Chef selbst kocht, wie Rindfleisch mit Süßkartoffeln, Kochbananen und Maniok. Auch Yamswurzel gehört hinein. Sein Tipp: Yamswurzeln vor dem Kauf anschneiden lassen. Sie können von außen perfekt aussehen und sind innen trotzdem schon verdorben. Alle Gerichte werden auch ohne Fleisch angeboten.

Ein Espresso kostet 1,60 Euro, ein Kaffee 2 Euro. Ein Freiburger Bier kostet 2,50 Euro (0,33l). Ein Viertel Wein bekommt man ab 3 Euro, einen Cuba Libre für 5,50 Euro.

Hofcafé Corosol

Ferdinand-Weiß-Straße 9/11
79106 Freiburg
0157-71561117
www.hofcafe-corosol.de

Mo bis Sa 10 – 22 Uhr
So Ruhetag

Café Satz

Alles muss raus

Es ist wohl noch nicht vorgekommen, dass einem Gast der Sessel unter dem Hintern weggerissen wurde, oder die Kaffeetasse aus der Hand genommen – wahrscheinlich ist es nicht, aber möglich wäre es.

Alfreds Möhrentorte

Denn hier im Café Satz steht alles zum Verkauf. Geschirr, Mobiliar und Bücher tragen Preisschilder – es ist der Showroom der Möbelabteilung des Einlädele, einer sozialen Einrichtung, die vor allem durch die rührige Schwester Inge Kimmerle und ihren Second-Hand-Laden vis-à-vis bekannt wurde.

Ein soziales Projekt

Inge Kimmerle unterstützte mit den Einnahmen Projekte für Kinder in der Ukraine. Seit 2010 führt nun Volker Höhlein die Geschäfte im Sinne der Nächstenliebe fort. Er hat die Aktivitäten stark ausgebaut.

Antiquariat, Second-Hand-Kleidung und Café, sie haben nun alle eigene Räumlichkeiten.

In der Behaglichkeitsfalle

Das Café empfängt den Gast mit kuscheliger Gemütlichkeit. Omas Mobiliar war nun einmal plüschiger als die Massenartikel aus den Baumärkten, die in den meisten neuen Cafés Verwendung finden. Wer sich in eines der Sofas sinken lässt, weiß im Grunde schon, dass es hier nicht darum gehen kann, so bald wieder aufzustehen.

Mitstreiter der Behaglichkeitsfalle sind Kaffee und Kuchen, denn sie sind vom Feinsten. Der Kaffee stammt von der Rösterei Elephant Beans und die Kuchen sind selbst gemacht. Stolze 60 ehrenamtliche Helfer unterstützen Einlädele, Café Satz und Antiquariat – vom Schüler bis zum Rentner, von sieben bis 70 Jahren. Und sie backen auch die Kuchen, die dann ihren Namen tragen.

Volker Höhlein

Mit Preisschild – noch steht der Tisch, doch bald könnte er verkauft sein

Kuchen mit Überraschungsfaktor

Ob unser Besuchstag ein Glückstag war oder die Regel ist, dass alle so gut backen – „Alfreds Möhrentorte" gehört zum Schmackhaftesten, das unter dieser Bezeichnung geführt wird.

Kuchen kosten 2,20 Euro, Torten 2,80 Euro. Der Kaffee stammt von der Rösterei Elephant Beans. Einen Espresso bekommt man für 1,60 Euro, Cappuccino für 2,20 Euro, einen Latte Macchiato für 2,60 Euro. Kaltgetränke kosten 2,50 Euro, darunter befindet sich eine große Auswahl an Alternativlimonaden.

Nebenbei wird das Café auch als origineller Veranstaltungsort für Lesungen und kleine Konzerte genutzt. Und auch vermietet – denn man kann die Räumlichkeiten auch fürs eigene private Fest reservieren.

Café Satz

Guntramstraße 57
79106 Freiburg
0761-15615760
www.cafesatz-freiburg.de

Mo bis Fr 13 – 18.30 Uhr
Sa & So Ruhetag

WLAN

Pizzeria Ochsebrugg
Mit 20 Gramm Hefe

Die Ochsebrugg gilt vielen als beste Pizzeria Freiburgs. Das unscheinbare Restaurant der Fratelli Vintrici liegt direkt hinter dem Hauptbahnhof und hat eine große Fangemeinde. Schon 1993 eröffneten Giuseppe und Salvatore Vintrici

Giuseppe Vintrici

die erste Ochsebrugg in der Stühlingerstraße, dicht bei der Namensgeberin Ochsenbrücke. Der Name Ochsebrugg zog vor zehn Jahren mit um in die Wentzingerstraße, weil er inzwischen ein Markenname für leckere Pizza geworden war. Ein neuer Steinofen für 15 000 Euro wurde angeschafft. Drinnen sorgt ein abenteuerliches wie unwiderstehliches Nebeneinander aus kleinen Nischen mit angedeuteten Dächern für Gemütlichkeit. Und sollte das noch nicht anheimelnd genug wirken, so macht der permanent laufende Fernseher unmissverständlich klar, dass es sich um einen echten italienischen Familienbetrieb handeln muss.

Die Brüder Vintrici stammen aus Sizilien. Giuseppe kam 1983 als erster nach Freiburg. Seither backen sie Pizza.

Die Kunst der Pizzaioli
Seinerzeit ließ sich in Freiburg Pizza nur mit Preisdumping verkaufen. Die beiden machten mit, jobbten bei den Zwei-Mark-Pizzerien und bedienten den Massenmarkt der zähen und klebrigen, meistens trotzdem verbrannten Flundern mit dem Glibberbelag. Umso bemerkenswerter ist es, dass sie sich nach und nach davon frei machten und sich wieder an die Kunst der Pizzaioli erinnerten. Sie wussten nämlich immer schon, wie es richtig geht. Salvatore lernte es als kochender Wehrpflichtiger beim Militär. In der Kantine seiner Offiziere stand ein Holzofen, der launenhafte und schwer zu bedienende König der Pizzaöfen.

Auch wenn es in der Wentzingerstraße wegen der vielen Auflagen nicht zur Aufstellung eines Holzofens kam, die Pizza schmeckt bei ‚Salvatore' wirklich wunderbar. Der Teig ist knusprig, weich und elas-

Zurück zu den Wurzeln der Pizzaioli

Eine Super Speciale – unter dem Rucola versteckt liegt reichlich Parmaschinken

tisch, dabei aber sehr dünn. Ein Geheimnis: Der Teig geht über Nacht mit extrem wenig Hefe. Nur 20 Gramm braucht Giuseppe für einen Ansatz von rund 20 Kilo.

Mittags mit Salat

Besonders lecker ist die Super Speciale mit Mozzarella, Rucola, Parmaschinken und Parmigiano für 9,50 Euro. Die Pizzen kosten etwas mehr, aber man schmeckt es nicht nur, sondern sieht es auch, denn sie sind riesengroß. Die klassische Margherita bekommt man für 5,50 Euro, eine Napoli

kostet 7 Euro. Die Karte ist nicht ellenlang, auch das ist ein Qualitätszeichen. Und weil die Ochsebrugg vor allem Pizzeria ist, tun die Vintricis gut daran, es nicht zu übertreiben mit der Auswahl anderer Gerichte. Spaghetti Napoli kosten 5,80 Euro, ein gemischter Salat kostet 4,20 Euro.

In der Ochsebrugg gibt es auch einen wechselnden Mittagstisch für 6,80 Euro, etwa mit einem Scaloppina Valdostana mit Salat. Auch Pizzen und alle anderen Gerichte werden mittags mit Salat serviert.

Pizzeria Ochsebrugg – da Salvatore

Wentzingerstraße 32
79106 Freiburg
0761-280610
www.pizzeria-ochsebrugg.de

Di bis Fr 11 – 14 Uhr & 18 – 23 Uhr
Sa & So 17.30 – 23 Uhr
Mo Ruhetag

Anuras Elefant

Die Charme- und Preisoffensive

Anuras Elefant im Stühlinger hat eine große Fangemeinde. Anura Thirimanna kocht hier seit gut neun Jahren gesunde, leckere und preiswerte Mittagsgerichte. Elefanten sind die große Leidenschaft des Anura Thirimanna, der in Sri Lanka ge-

Anura Thirimanna – Kräutergarten in Sri Lanka

boren wurde, und deshalb stehen wohl so viele davon herum in seinem – ja, was ist es denn nun? Imbiss? Wohnzimmer? WG-Küche? Kaum zu sagen. Es bleibt den Gästen überlassen, ob sie nur schnell zu Mittag essen wollen oder sich es lieber den Nachmittag gemütlich machen, Chai trinken und lesen. Anura macht es leicht, sich wohl zu fühlen.

Mit seiner tiefenentspannten Persönlichkeit trägt er viel zum guten Gefühl aller bei. Der Mann mit Charisma ist in seinem Zweitberuf Security-Guard. Viele kennen sein Gesicht vom ZMF. Und einmal mehr muss er die Geschichte erzählen, wie er in

den 90ern beim ZMF einmal der persönliche Bodyguard der schwierigen Nina Simone war und wie er es schaffte, dass sie seine Einladung auf ein Eis annahm.

Ein quirliger Mix aus Theaterleuten, Polizisten, Musikern von der Jazz- und Rockschule, Angestellten aus den umliegenden Büros und einmal nicht ganz so vielen Studenten lässt es sich bei Anura schmecken.

Leicht und lecker

Anuras Küche ist leicht. Es wird ausschließlich gedämpft, weder frittiert noch gebraten – ohne Fetteinsatz. Dampfgarung ist optimal für den Vitaminerhalt der Speisen – ein Genuss ohne Reue und ideal zur Mittagszeit.

Anura kauft alle Zutaten im Bioladen ein. Die sri-lankischen Kräuter und Gewürze allerdings nicht. Die kommen direkt aus Sri Lanka – frisch aus seinem eigenen Garten! Eine Cousine arbeitet bei einer Fluggesellschaft, und so sind die Kräuter nach einem Tag Flugreise schon in der Stühlingerstraße.

Reis mit Guacamole, Tomaten, Auberginen

Nachschlag gefällig? Anura Thirimanna lässt niemanden hungrig nach Hause gehen

Anuras Küche schmeckt vielen. Das heutige Reisgericht mit Auberginen, Kokosmich und Tomaten bringt die Aromen der Kräuter hervor und strapaziert den Geschmack der Mittagesser nicht mit übertriebener Schärfe.

Die Tagesgerichte kosten bescheidene 5 Euro mit – Achtung! – kostenlosem Nachschlag inklusive. Alle Tagesgerichte gibt es auch ohne Fisch oder Fleisch. Salate und Fruchtsalate von der Theke kosten 1 Euro als Beilage oder 1,50 Euro als Sologericht.

Der feste Wochenplan
Montag: Sri Lanka-Tag
Dienstag: Pasta auf sri-lankisch
Mittwoch: nur vegetarische Gerichte, Gemüsegerichte oder Suppen
Donnerstag: Chili con Carne mit Ananas
Freitag: Fischgerichte

Alle Getränke bei Anura kosten nur 1 Euro, ob Milchkaffee, Fruchtsäfte oder der sri-lankische Chai, ein Tee, der mit Ingwer und Kardamom gewürzt ist. Das ist sensationell preiswert.

Anuras Elefant

Stühlingerstraße 9
79106 Freiburg
0761-1375450
0172-7482290

Mo bis Fr 12 – 16 Uhr
Sa & So Ruhetag

Kleine Fluchten

Der Maibaum steht im Simonswäldertal, einem der weniger bekannten Täler in der Umgebung Freiburgs. Wandern gehen kann man hier und sich verwöhnen lassen, zum Beispiel im Restaurant Hugenhof.

Freiburg ist eine Perle, doch was wäre es ohne seine Umgebung an der Nahtstelle zwischen Schwarzwaldhöhen und der Rheinebene mit den Weinbaugebieten Tuniberg und Kaiserstuhl. Für die Freiburger ist der kleine Ausflug in die Umgebung ein selbstverständlicher Teil des Lebens. Und einige der besten Lokale sind dort.

Mosthof
Das Schwarzwaldidyll

Der Dilgerhof oder Mosthof ist ein tolles Ausflugsziel im Glottertal. Bei den Heizmanns kann man hoch über dem Glottertal bei lecker Apfelsaft, Most und Bauernvesper einen erholsamen Nachmittag auf dem Bauernhof verbringen.

Natur genießen

Ein Ausflug zum Mosthof bedeutet Schwarzwaldidylle pur. Und eine Reise in die Vergangenheit, denn der Hof von 1302 ist in seiner originalen Bausubstanz in weiten Teilen erhalten. Bei ungemütlichem Wetter kann man sich in der kuscheligen Bauernstube aufwärmen. Aber Ausflüge in den Schwarzwald unternimmt man ja bei schönem Wetter und sitzt auf der großen Terrasse mit dem tollen Blick ins Tal.

Der Dilgerhof – wie der Mosthof richtig heißt – ist ein Bauernhof mit allem Drum und Dran. Mindestens sieben Katzen schleichen ums Haus. Kühe weiden auf der Wiese nebenan und Hasenställe ste-

hen vor dem Haus. Die Streuobstwiesen laden dazu ein, sich die vielen Sträucher und Bäume einmal genauer anzuschauen.

Darunter sind alte, selten gewordene Apfelsorten: Goldparmänen, Bohnäpfel und die kleinen roten, die Nikolausäpfel heißen, weil sie erst zu Nikolaus reif werden. Bäumchen mit Zibarten stehen im Garten; das sind rare Wildpflaumen, aus denen ein sensationeller Schnaps gebrannt wird. Julia Heizmann zeigt die vielen Pflanzen gerne, wenn sie Zeit hat.

Most, Saft und Zibärtle
Heizmanns Apfelsaft gehört ohne Einschränkung zum leckersten, was unter dieser Bezeichnung angeboten wird. Der herbe Apfelmost, dem zur Milderung auch ein paar Birnen beigemischt werden, ist etwas gewöhnungsbedürftig, aber schmeckt spätestens nach dem zweiten Glas ganz hervorragend, was auch am Alkoholgehalt liegen mag. Absoluter Clou und eine ganz große Rarität ist der Zibärtle-Schnaps für 2 Euro das Glas.

Quer zur Faser schneiden, dann schmeckt's

Mit Weitblick ins Glottertal – die Terrasse am Mosthof

Auf der Schlachtplatte geben sich Blutwurst, grobe Bauernwurst, Leberwurst, Speck und natürlich Schwarzwälder Schinken ein Stelldichein. Würste und Schinken stammen von eigenen Schweinen, die mit Getreide, Kartoffeln und Magermilch aufgezogen werden. Das Bauernbrot wird selbst gebacken.

Schinken nur quer zur Faser schneiden

Auch wenn etwa die Blutwurst nicht jedermanns Sache ist – hier sind alle Produkte von ausgezeichneter Qualität. Und wie der Schinken zu schneiden ist – nämlich dünn und quer zur Faser – erklärt dem unkundigen Gast nicht nur ein Gedicht in der Speisekarte, sondern auch Frau Heizmann selbst.

Das Stichwort für die hohe Qualität heißt Nebenerwerb. Die Landwirtschaft muss hier nicht mit letzter wirtschaftlicher Konsequenz betrieben werden. Das kommt allen Produkten zugute und das schmeckt man sofort.

Dilgerhof – Mosthof

Am Kandelbächle 22
79286 Glottertal
07684-1241
www.dilgerhof-glottertal.de

Mo bis Sa ab 15 Uhr
So Ruhetag

Ristorante Engel

Die Zierde des Hexentals

Im Gasthaus der Familie Iaia kommen apulische Küche, badische Gemütlichkeit und italienische Herzlichkeit zusammen. Es ist das Gesamtpaket, was den Engel zum heißen Tipp für einen kleinen Ausflug ins Hexental macht. Das gute Essen, ganz klar, die gemütliche Stube, vor allem aber ist es die Herzlichkeit der

Ein Oktopus – so wird er gekocht…

Familie Iaia und ihrer Crew. Da muss es nicht einmal zu den Gesangseinlagen des Chefs kommen, der am späteren Abend gelegentlich ein „O Sole Mio" anstimmt.

Seit mehr als 35 Jahren fühlt sich die Familie Iaia in Biezighofen bei Wittnau heimisch. Das merkt man der alten Wirtsstube an. Nach und nach wurde das ganze Haus samt Terrasse behutsam erneuert und auch der alte Kachelofen wieder in Betrieb genommen.

In einem Gasthaus, das Engel heißt, wird man sich kaum über die vielen Engel wundern. Doch die mit Marienfiguren üppig ausgestattete Nische am Kopf des

Gastraums überrascht dann doch. Sie ist Maria di Belvedere gewidmet, die besonders in Apulien verehrt wird und eine zweite Heimat im Hexental gefunden hat.

Apulische Küche nach Jahreszeit

Der Engel ist zwar immer noch auch eine Pizzeria (ab 7 Euro), spielt aber kulinarisch inzwischen in einer ganz anderen Liga. Das fängt schon vor der Bestellung an, wenn es selbstgebackene Brötchen gibt, die so lecker sind, dass man einige heimische Bäcker im Engel vorbeischicken möchte, damit sie sich mal schlau machen, wie das eigentlich so geht mit den Weckle. Dazu bekommt man Olivenöl mit ein paar Spritzern Essig zum Dippen. Köstlich!

Auf der Monatskarte und Tageskarte kommen regionale Küchentraditionen zur Geltung, vor allem auch Fischgerichte. Die apulische Richtung gibt Mamma Iaia in der Küche vor. Apuliens Küche ist eine Arme-Leute-Küche, die gerade in der Verfeinerung besonders glänzen kann.

…und so kommt er auf den Teller!

Pina Iaia – das apulische Küchengewissen des Engels

Olivenöl, Gemüse, dafür weniger Sahne kommen zum Einsatz. Orechiette mit Ragù alla Mamma (14,50 Euro) oder Ravioli mit Wildschwein- oder Ossobucofüllung (14,50 Euro). Das tolle Carpaccic vom Pulpo kostet 12,50 Euro.

Der Trick mit dem Korken

Wir durften einen Blick in die Küche werfen und zuschauen, wie ein Oktopus zu kochen ist. Der Pulpo wird kalt aufgesetzt mit einem Bouquet garni – und einem Weinkorken. Dann darf er kochen. Ohne den Korken dauert es doppelt so lang. Warum, weiß Franco Iaia auch nicht, aber es klappt.

Biezighofen ist gut angebunden. Der Bus nach Freiburg hält gegenüber; der letzte fährt um Mitternacht zurück.

Ristorante Engel

Weinbergstraße 2
79299 Wittnau-Biezighofen
0761-402805
www.ristorante-engel.de

Mi bis So 11 – 14 & 17 – 24 Uhr
Küche bis 22.30 Uhr
Mo & Di Ruhetag

Wuspenhof

Im Glottertal – Schwarzwald ohne Schminke

Der Wuspenhof, das ist der ganz andere Schwarzwald. Obwohl im Glottertal gelegen, einem der bekanntesten Täler dank Freiburg-Nähe und Schwarzwaldklinik, hat der Kuckucksuhren-Tourismus den Wuspenhof nie erreicht. An der sonnenabgewandten Südseite des Tals, einsam und nur auf einer nicht geteerten Straße

Wuspenhof

zu erreichen, kann man hier das Landleben von einer spröden, ungeschminkten Seite kennenlernen.

Blasius Hilzinger bewirtschaftet den Hof allein, seitdem seine Mutter vor einem Jahr gestorben ist. Noch mit über 90 Jahren kümmerte sich Maria Hilzinger um die Vespergäste und die Pension. Die Zimmer mit Etagendusche sind schwer vermittelbar. Auch, wenn sie nur 16 Euro kosten. „Nur Arbeit und nichts bleibt hängen", war schon das Credo seiner Mutter. Wer hier über Nacht bleiben will, muss das Vertrauen des Wirtes gewinnen. Denn Blasius Hilzinger vermietet eigentlich nur an Stammgäste. Dabei ist alles gerichtet.

Die Zimmer sind picobello und riechen frisch. Doch nur zum Vespern finden einige Wanderer und Mountainbiker den Weg zum Wuspenhof.

Warum nicht mal eine Nacht auf dem Wuspenhof verbringen? Auch wenn es Blasius Hilzinger ein wenig Arbeit macht, im Grunde freut er sich ja doch über jeden Gast. Die Chance, zum Jugendherbergstarif einen Schwarzwald ohne die kleinste Konzession an touristische Erwartungshaltungen zu erleben, ist ziemlich einzigartig. Gratis gibt es die gute Luft, die schöne Aussicht und die unvergleichliche Ruhe dazu.

Das leibliche Wohl

Bauernvesper, Speckvesper und belegte Brote stehen auf der Karte. Wurst und Speck sind selbstgemacht und sehr lecker. Das Bauernvesper kostet 6 Euro. Belegte Brote sind für 3 Euro zu haben.

Kaffee gibt's auch. Eigentlich kommt man aber wegen Apfelsaft und Apfelmost hierher. Beides schmeckt grandios und ist

Bauernvesper

Die raue Landschaft um den Wuspenhof im März

spottbillig. Ein Liter kostet 3,20 Euro. Der Genuss des Mostes dürfte die Fahrtüchtigkeit erheblich einschränken und kann außerdem im Gedärm für Turbulenzen sorgen, also lieber nur ein Glas.

Nicht ausgeschildert
Zuerst ins Glottertal fahren, die Ortschaften Glottertal und Oberglottertal passieren, dann auf die rechte Straßenseite achten. Es gibt kein Hinweisschild zum Wuspenhof. Bei der ersten Straße nach der Bushaltestelle „Klausenhof"

rechts abbiegen. Wenn man jetzt links die Hilzingermühle liegen sieht, hat man alles richtig gemacht und kann auf der Forststraße bis zum Ende weiterfahren. Oder besser wandern, denn sie ist offiziell für den Autoverkehr nicht freigegeben. Bis zum Wuspenhof läuft man eine Stunde.

Ein kurzer Stopp bei der Mühle ist Pflicht. Sie ist aus dem Jahr 1621 und damit die älteste Mühle im Landkreis.

Wuspenhof

Wuspenhof 1
79286 Glottertal
07684-441

täglich 8 – 18 Uhr

Bahnhöfle

Frankreich ganz nah

Der französischen Armee verdankt Freiburg einen seiner besten Köche. Thierry Falconnier diente als Wehrpflichtiger vor 43 Jahren in der Vauban-Kaserne und blieb in Freiburg hängen. Seit acht Jahren kocht er im Bahnhöfle in Gundelfingen

Keine Bouillabaisse ohne Rascasse

und manchmal denkt er schon ans Aufhören. Nichts wie hin also! Denn Thierry Falconnier ist sozusagen die einzige ständige Vertretung klassischer französischer Kochkunst in Freiburg und Umgebung.

Seine Küche muss sich nicht optisch in Szene setzen, um zu bezaubern. Hier geht es ausschließlich darum, die Produkte, also Fisch, Fleisch und Gemüse so perfekt wie möglich auf den Tisch zu bringen. Schnörkellos. Davon konnten auch schon die Soldaten in der Vauban-Kaserne profitieren, als Falconnier 1972 als Soldat nach Freiburg kam. Die französischen Soldaten in Deutschland wurden exzel-

lent verpflegt, denn sie sollten gut essen, wenn sie schon fern der Heimat waren. Danach kamen viele Jahre in verschiedenen Freiburger Restaurants, der Eichhalde, im Hotel Schiller und der Kreuzblume in der Konviktstraße. Als ihm die Pacht zu teuer wurde, ergriff er die Gelegenheit, das kleine Bahnhöfle zu übernehmen.

Neben deftigen französischen Küchenklassikern, einem Kalbskopf, einem Lammcarré oder einer Ente mit Honig-Ingwersauce (20 Euro), bekommt man bei Thierry Falconnier auch Badisches wie Ochsenbäckle.

Hier und sonst nirgends

Der Clou aber ist, dass reichlich Fische und Meeresfrüchte auf die Teller kommen. Seine Fischsuppe, die wie eine Bouillabaisse gekocht ist, schmeckt sensationell und ist mit 8,50 Euro auch noch sehr preiswert. Wer sich mal zu Hause an so einer Suppe versucht hat, weiß, was sie an Arbeit bedeutet. Kiloweise werden Köpfe und Gräten ausgekocht und durch ein Sieb passiert. Dabei ist es so gut wie unmöglich,

Mit Genießerblick – Thierry Falconnier

Die Fischsuppe – eine Brise Mittelmeer in Gundelfingen

in Freiburg die nötigen Fische zu besorgen, einen Drachenkopf etwa. Zur Suppe gibt es traditionell eine Rouille, das ist eine Knoblauch-Chili-Kartoffelpaste, die man in die Suppe hineinrührt. Allein schon für diese leckere Suppe lohnt der Weg nach Gundelfingen. Fast immer sind hier auch Austern zu haben, zu einem ebenfalls bescheidenen Stückpreis von rund 2 Euro – je nach Größe.

Bemerkenswert für ein Restaurant dieser Klasse sind die fairen Getränkepreise – mit sehr moderaten 3,50 Euro für ein Viertel Gutedel fängt es beim Wein an.

Gut zu erreichen
Das Bahnhöfle ist zwar keine Bahnhofsgaststätte, aber es liegt – wen wundert's – unmittelbar am Gundelfinger Bahnhof Züge fahren direkt vom Hauptbahnhof. In sechs Minuten ist man da. Und nach dem Essen und womöglich Alkoholkonsum kommt man bequem wieder mit dem Zug zurück nach Freiburg. Der letzte fährt kurz nach 23.30 Uhr.

Bahnhöfle

Bahnhofstraße 16
79194 Gundelfingen
0761-5899949
www.bahnhoeflegundelfingen.de

Do bis Di 17 – 24 Uhr
Sa & So 11.30 – 15 Uhr & 17 – 24 Uhr
Mi Ruhetag

Waldcafé Faller

Im Attental

Das Waldcafé Faller ist ein herrlich entspanntes Café im Attental, ganz in der Nähe Freiburgs. Das Attental ist eines der wenigen touristisch nicht sehr erschlossenen und trotzdem gut erreichbaren Täler in der Nähe Freiburgs. Sogar das Handy

Himbeertorte XXL

hat hier Pause, denn im Tal gibt es keinen Empfang. Das trägt ganz sicher zum Erholungswert bei.

Fallers Café ist ein reiner Familienbetrieb. Matthias Faller backt das Holzofenbrot und kocht die warmen Gerichte. Sein Bruder Franz-Josef ist mehr für die Kuchen zuständig, doch manchmal ist es auch umgekehrt. Vater Franz macht beides. Und Angela Faller organisiert sich zwischen Nachbarn und weiteren Verwandten, die zur Aushilfe engagiert werden.

Familiär geht es auch bei der Kuchenauswahl zu. Einfach in die Küche gehen und aussuchen. Um drei Uhr nachmittags ist

die Tafel leider schon schwer geplündert. Wir entscheiden uns für eine voluminöse Himbeertorte, die mit ihrer optimistischen Farbgebung auch graue Herbsthimmel Lügen straft und wie von selbst für gute Laune am Kaffeetisch sorgt.

Der kleine Sonntagsausflug

Auch ohne sportliche Ambitionen ist das Attental bequem mit dem Fahrrad zu erreichen. Eine gemütliche halbe Stunde Fahrtzeit muss man von Freiburg aus einkalkulieren, fast ohne Steigungen und ohne größere Orientierungsprobleme.

Einmal mehr gilt hier: der Weg ist das Ziel. Zunächst geht es an der Dreisam entlang, an Sportinstitut, SC-Stadion und Strandbad vorbei. Und dann immer links halten am Waldrand entlang. Dann biegt man nach wenigen Kilometern links ins Attental ein. Noch einen Kilometer – bei äußerst mäßigem Anstieg – ins Tal hineinfahren und wir stehen vor dem Café Faller. Der Ausflug lässt sich gut mit einem Besuch des Baldenweger Hofs kombinieren, der sich

Matthias Faller

Das Waldcafé im Attental – Zwangspause für Handys

jeden Tag zwischen 9 und 19 Uhr besichtigen lässt – um Aug in Aug mit Rindviechern, Schweinen, Ziegen und Pferden zu sein. Man kann sogar Hühner „leasen". Ein Riesenspaß für große und kleine Kinder.

Familienfreundliche Preisgestaltung

Ein Besuch im Waldcafé schont den Geldbeutel. Klassische Obstkuchen wie Apfel-, Heidelbeer-, Rhabarber- und Johannisbeerkuchen kosten 2,50 Euro. Schwarzwälder Kirsch & Co. bekommt man für 2,80 Euro. Ein Schmalzbrot mit dem köstlichen Holzofenbrot kostet 3 Euro. Fast alle warmen Gerichte bewegen sich um 10 Euro. Leberle vom Lamm bekommt man für 10,80 Euro, Schnitzel mit Brägele und Salat kosten 10,50 Euro, Wurstsalat mit Brägele 8,20 Euro.

Eine Tasse Kaffee bekommt man für 2,20 Euro. Ein kleines Mineralwasser kostet 1,70 Euro. Ganter Bier gibt es für 2,50 Euro (0,3l) oder 3 Euro (0,5l). Ein Viertel trockener Gutedel kostet 3,60 Euro.

Waldcafé Faller

Attentalstraße 7
79252 Stegen
07661-61101

Mi bis So 9 – 21 Uhr
warme Küche ab 12 Uhr
Mo & Di Ruhetag

Café Goldene Krone

Das Vorzeigeprojekt der Landfrauen

Rauchen verboten! Auch draußen, das macht ein Schiefertäfelchen unmissverständlich klar. Und jedem lieben Gast, der's übersehen haben will, sagen kleine Schilder auf den Tischen, dass hier wirklich nicht geraucht werden darf. In der picobello renovierten, ehemaligen Klos-

Die Schwarzwälder Kirschtorte

terherberge sind sie alle entschiedene Nichtraucherinnen, die Landfrauen, die adrett in weiß gekleidet den Gasthof bewirtschaften.

Überzeugung und Leidenschaft regieren hier, das merkt man sofort. Das Projekt der Landfrauen ist einzigartig. Sie kaufen ausschließlich regionale Produkte ein, das meiste ist Bio. Jedes Ei wird einzeln aufgeschlagen, nur natürliche Produkte kommen zum Einsatz – ganz nach dem Grundsatz „eine Kirsche ist eine Kirsche ist eine Kirsche." Das kostet mehr beim Einkauf und macht auch viel mehr Arbeit. Deshalb ist vieles hier vergleichsweise teuer, was aber durch Wohlgeschmack mehr als kompensiert wird.

Es brummt wie eigentlich immer bei schönem Wetter. Die übliche Mischung aus Ausflüglern, Einheimischen und nicht wenigen Radfahrern besetzen fast alle Tische draußen wie drinnen. Fast alle haben zufriedene Gesichter – und das hängt sicher auch mit der Herzlichkeit der Frauen zusammen.

Süßes und Herzhaftes von der Karte

Star der Kuchentafel ist der Käsekuchen mit Baiserhaube (3 Euro). Er schmeckt extrem gut – frisch und sahnig, zwischen leicht und schwer dezent ausbalanciert und nicht zu süß. Die Schwarzwälder Kirschtorte (3,60 Euro) schmeckt ebenfalls sehr gut, wie Tischnachbarn versichern, und sie ist viel feuchter als sie aussieht, was auf den beherzten Einsatz von Kirschwasser zurückzuführen ist.

Auch Herzhaftes steht auf der Karte. Hausgemachte Suppen sind dabei – täglich wechselnd – etwa eine badische Nudelsuppe mit Rindfleisch (5,40 Euro). Oder Quiche

Café Goldene Krone

Beim Abschmecken: Claudia Rombach und Annette Hog. Unten mit Michaela Schuler und Monika Faller

mit Kürbis und Salat (9,80 Euro). Die Spezialität des Hauses ist der Käsemichel (12,50 Euro), eine Art überbackener Münsterkäse mit Johannesbeerenkompott. Die Landfrauen haben ein Patent für dieses Rezept. Von Oktober bis April offeriert das Landfrauencafé sonntags ein großes Frühstücksbuffet von 9.30 bis 12 Uhr.

Flüssiges ohne Großkonzerne
Milchkaffee kostet 3,40 Euro. Espresso bekommt man für 2,50 Euro. Die Limonaden werden selbst gemacht. Eine Holunderlimonade kostet 2,40 Euro (0,2l) Cola? Fehlanzeige. „Wir wollen keine Großkonzerne unterstützen", sagt Walburga Rombach, die seit Beginn dabei ist. Bier gibt's aber. Ein Bräunlinger Kellerbier kostet 2,50 Euro (0,3l).

Mit dem Auto über Ebnet und Stegen nach Sankt Peter und dann weiter nach Sankt Märgen fahren. Die Goldene Krone liegt unübersehbar im Ortskern. Fahrtzeit: gut 30 Minuten.

Café Goldene Krone

Wagensteigstraße 10
79274 St. Märgen
07669-9399988
www.cafe-goldene-krone.de

Mi bis Fr 12 – 18 Uhr
Oktober bis April: Sa & So 14 – 18 Uhr
Mai bis September: So 12 – 18 Uhr

Gasthaus zum Rössle

St. Ulrich

In seinen schönen Räumen bietet das Rössle neben herausragender Küche Schwarzwald pur. Die familiäre Atmosphäre und die idyllische Umgebung machen St. Ulrich zum idealen Ort, um Eltern und anderen Besuch von außerhalb in den Schwarzwald zu entführen.

Rinderkraftbrühe mit Grießklößchen

Der Gastraum in der ehemaligen Klostermühle bietet an großen Tischen viel Platz. Kachelofen, Dielenboden und viel altes Holz an den Wänden sorgen zurückhaltend für Behaglichkeit, ohne dass sich die Familie Sumser bei der Einrichtung aus dem Repertoire der Schwarzwälder Dekorationsfolklore bedienen musste.

Wenn die Sonne scheint, kann man auch direkt an der Möhlin tafeln, dem rauschenden Wildbach hinterm Haus.

Zunächst einmal: Die Küche im Rössle ist wunderbar. Viele Gaststätten reklamieren die so genannte badische Küche für sich – Dominik Sumser realisiert sie vorbildlich.

Das merkt man vor allem bei den einfachen Gerichten. Rindfleischsalat und auch Leberle werden schnörkellos gekocht und in perfekter Garung auf den Tisch gebracht. Das findet man selten und das macht den im Vergleich nur wenig höheren Preis mehr als wett.

Gediegene Küche
Dominik Sumsers Schwerpunkt liegt auf den klassischen gutbürgerlichen Gerichten. Fast alle Gerichte gibt es in groß und klein. Leberle mit Champignons und Brägele (10 & 14 Euro), Rindfleischsalat (7,80 & 9,50 Euro), Wildschweinragout (14 & 18 Euro), Schnitzel mit Pommes und Salat (11,50 & 14 Euro), Flädlesuppe (4,50 Euro), Entenbrust mit Rotkohl (24 Euro).

Auch kleinere Ausflüge nach Italien und Fernost unternimmt der Koch: Mit einer thailändisch inspirierten Tom Kha Gai, einer Kokosmilch-Hühnchen-Zitronengrassuppe (6 Euro), oder einer Saltimbocca mit Polenta (14 & 17 Euro).

Dominik Sumser

Ente mit Wirsing und Kastanien

Ein Viertel Gutedel bekommt man für 3,20 Euro. Es sind auch Weine vom Spitzenweingut Dörflinger im offenen Ausschank (4,40 Euro).

Ein schöner Ausflug

Hätte das Rössle einmal zu, so wäre ein Ausflug nach St. Ulrich dennoch lohnend. Denn das Möhlintal ist vom Massenausflugstourismus à la Titisee und Glottertal verschont geblieben. Man kann die Natur in Ruhe genießen, spazieren gehen, wandern oder sich die prächtige Barockkirche anschauen.

Nach St. Ulrich und zum Rössle kommt man mit dem Fahrrad oder dem Auto. Vor Freiburg aus sind es rund zehn Kilometer Stadtauswärts geht es über Bollschweil Au und Sölden, dann auf das Schild St. Ulrich achten, links abbiegen und auf der Straße bleiben. Verfahren kann man sich nicht.

Gasthaus zum Rössle

St. Ulrich 11
79283 Bollschweil-St. Ulrich
07602-252
www.gasthausroessle.de

Mi bis So 17 – 24 Uhr
Sa & So 11 – 24 Uhr. Küche bis 21 Uhr
Mo & Di Ruhetag

Schweighof

Der Schwarzwald von seiner besten Seite

Ein Ausflugsziel der Extraklasse ist der Schweighof bei Sankt Ulrich. Ein Gasthaus, das Kohlerhof und Buckhof, die beiden anderen Einkehrmöglichketen im Wanderradius, locker hinter sich lässt. Weit über der Möhlin kann man hier

Kühe stehen auf der Wiese, außer einem gelegentlichen „Muh" oder einer Säge von fern hört man nichts – die Idylle ist nahezu perfekt.

Vor gut zehn Jahren wurde im Schweighof renoviert. Der verwitterte Charme der alten Terrasse gefiel einigen Gästen besser. Doch man muss es der Familie Molkentin hoch anrechnen, dass sie sich für Holzstühle und einfache Tische in angenehm dunklen Tönen entschieden hat, statt für Plastikmobiliar, wie andernorts üblich.

Speis und Trank

Im Schweighof sind die typischen Speisen der Berggasthöfe zu finden: Wurstsalat (5,50 Euro) – auch elsässisch (6 Euro) – , Wienerle (4 Euro), Kalbsbratwürste mit Kartoffelsalat (8 Euro), Schniposa (11 Euro) – alles in ordentlicher Qualität. Kuchen bekommt man ab 2,50 Euro. Eine Tageskarte gibt es auch, mit weiteren deftigen Gerichten – wie Rouladen mit Rotkraut und Kartoffelpüree (11 Euro).

Klaus Molkentin

Grundsolides wie Schniposa oder Bratwürste genießen auf einer Terasse, die zum lustvollen Vertrödeln wertvoller Freizeit einlädt. Schade nur, dass wochentags erst um 16 Uhr geöffnet wird.

Auch wenn sein Vorname nicht Bruno ist, an Bärbeißigkeit lässt sich Klaus Molkentin, der Wirt vom Schweighof, von niemandem übertreffen. Das sollte aber keinen davon abhalten, den Hof zu besuchen. Denn die Aussicht von der Sonnenterrasse ist unvergleichlich. Ein stilles Tal tut sich auf, am Horizont der Belchen.

Schweighof

Schnitzel mit Aussicht

Auch die Getränkepreise sind moderat: Kaffee kostet 1,80 Euro. Mineralwasser (0,5l) bekommt man für 2 Euro, ein Fürstenberg Pils für 3 Euro (0,4l), ein Viertel Gutedel bekommt man für 3,20 Euro.

Ein schönes Ausflugsziel

Es ist ein idealer Platz, besuchsweise anwesenden Eltern den Schwarzwald von seiner besten Seite zu zeigen, zumal der Weg durch das weitgehend unverbaute Möhlintal schon extrem schön ist und man sich Sankt Ulrich samt Barockkirche nicht

entgehen lassen sollte. Zum Schweighof kommt man sportlich mit Fahrrad oder Auto. Von Freiburg sind es rund 15 Kilometer. Stadtauswärts geht es über Merzhausen, Au, Biezighofen und Sölden, dann auf das Schild Sankt Ulrich achten, links abbiegen und auf der Straße bleiben.

Autofahrer sollten langsam fahren damit die Beifahrer die tolle Sicht genießen können. Auf ein Holzschild rechts an der Straße achten, das den Schweighof ankündigt.

Schweighof

Sankt Ulrich 44
79283 Bollschweil-St. Ulrich
07602-249

Mo bis Mi 16 – 22 Uhr
So 11 – 22
Do bis Sa Ruhetag

Gasthaus Blume
Opfingen

Die Blume in Opfingen hat sich zu einem Renner entwickelt. Das war abzusehen, Der Gasthof liegt inmitten von Weinbergen und Badeseen und ist dabei nah genug an Freiburg für einen spontanen Fahrradausflug. Seit Susanne und Sascha Halweg vor vier Jahren das Haus übernommen haben, wurden vor allem in der Küche viele neue Ideen umgesetzt.

Das selbst gebackene Dinkelbrot

Das fängt bei den vermeintlichen Nebensächlichkeiten an: beim Brot, das hier persönlich vom Chef gebacken wird. Es schmeckt noch nach drei Tagen so gut, dass Sascha Halweg – von seinen Gästen gedrängelt – seit einiger Zeit einen kleinen Außer-Haus-Verkauf gestartet hat.

Sascha Halweg hat sich mit der Blume einen Traum erfüllt. Nach sechs Jahren als Geschäftsführer in verschiedenen Freiburger Lokalen wollte er andere Wege gehen. Das heißt vor allem, das Haus zusammen mit seiner Frau Susanne als Familienbetrieb zu führen. Susanne Halweg stammt aus dem Nachbarort Tiengen und ihr Bruder Martin Frey versorgt die Blume

mit Kürbissen, Bio-Kartoffeln und Zucchini von seinem Bauernhof. Auch alle anderen Produkte stammen aus der Region.

Der Trend zum Kleinen
Immer bestellen kann man „Probiererle", eine badische Version von Tapas. Marinierte Champignons oder Rindfleischsalat mit Brot und vieles andere mehr. Insgesamt zehn verschiedene Gerichte kann man kombinieren. Auch sie werden mit großer Raffinesse zubereitet.

Die Probiererle bekommt man ab 4,10 Euro, als „flotten Dreier" für 12,50 Euro. Die Karte führt Klassisches wie Wurstsalat (7,10 Euro) und natürlich auch ein Schnitzel, das hier statt der Brägele mit einem sensationell leckeren Kartoffel-Sellerie-Stampf serviert wird (12,90 Euro). Vegetarier finden ein Grünkern-Kräuter-Risotto (10,50 Euro) oder Pilzmaultaschen (11,20 Euro) auf der Karte. Vegetarisches findet sich auch auf der Wochenkarte, die für saisonale und aufwendigere Gerichte reserviert ist; wie

Susanne und Sascha Halweg

Beim Servieren der Probiererle – Susanne Halweg

Geflügelleberpastete mit rosa Pfeffer

eingemachtes Kalbfleisch, Wildgerichte oder Gänsebraten.

Das badische Herz
In der Blume kommen ausschließlich Weine vom Tuniberg zum Ausschank. Susanne Halweg war vor Jahren einmal badische Weinprinzessin. Ihr „badisches Herz" würde bluten, käme es anders. Offene Weine bekommt man ab 3,70 Euro, einen Spätburgunder für 4,60 Euro. Ein Pils von

Waldhaus kostet 2,70 Euro (0,3l). Einen Liter Mineralwasser bekommt man für 4,40 Euro, eine hausgemachte Limonade für 2,80 Euro (0,3l).

Wenn die Nächte kühler werden, empfiehlt sich ein Besuch in der schönen „Blumenbar", der Cocktailbar im Gewölbekeller des alten Anwesens. Dort findet jeden Mittwochabend auch Deutschlands einziges Smartphone-Quiz statt.

Gasthaus Blume

Unterdorf 2
79112 Freiburg-Opfingen
07664-6123889
www.blume-freiburg.de

Mo bis Fr 17 – 23 Uhr
Sa & So 12 – 23 Uhr

WLAN

Am Felsenkeller

Staufen im Breisgau

Staufen ist ein Ort mit vielerlei Attraktionen, eine davon ist ein Essen im Felsenkeller, wo Joachim Ortlieb mit biologischen Lebensmitteln eine regionale Küche zelebriert. Ein Essen im Gasthaus am Felsenkeller sollte man unbedingt mit einem

Joachim Ortlieb

Spaziergang in Staufen verbinden und daher etwas mehr Zeit einplanen als für ein Essen üblich. Zu sehen wäre die Altstadt mit den netten Geschäften oder die mittlerweile zur Touristenattraktion gewordenen dramatischen Risse in vielen Häusern oder auch die bescheidene historische Brücke aus Gusseisen. Im Sommer kann man sich vor dem Essen Bewegung verordnen, denn das Staufener Freibad liegt ebenfalls in der Albert-Hugard-Straße – unmittelbar hinter dem Felsenkeller.

Das Restaurant mit dem Biergarten davor ist auch drinnen gemütlich eingerichtet, mit alter Wandvertäfelung und weiß gedeckten Tischen.

Den Felsenkeller gibt es wirklich. Er beginnt unmittelbar hinter dem Gastraum. Es ist kein Keller, sondern ein Gewölbe, das in einem Stollen endet. Es ist der Eingang zu einem ehemaligen Erzbergwerk. Hier ist es feucht und konstant zehn Grad kühl, ein idealer Lagerraum für Lebensmittel und Wein. Seit 26 Jahren führt Joachim Ortlieb Gasthaus und Hotel. Es ist sein Elternhaus und er steht selbst am Herd. Die Küche wurde über die vielen Jahre mit großer Konsequenz auf Biologisches und Regionales umgestellt.

Nur regionale Produzenten

Inzwischen kennt er alle Lieferanten persönlich. Ob es das Öl aus „Peters Ölmühle" in Ballrechten ist oder die Bratwurst aus „Schneiders Wurstlädele" oder das Lammfleisch vom Staufener Bioschäfer Achemmer. Der Gast darf genießen und dafür zahlen, denn der biologische Landbau ist nun mal teurer als Konventionelles. Doch hier dient die Bio-Küche der Geschmacks- und nicht der Weltverbesserung. Denn Joachim Ortlieb ist zuallererst Koch.

Der Felsenkeller – Eingang zum Bergwerk

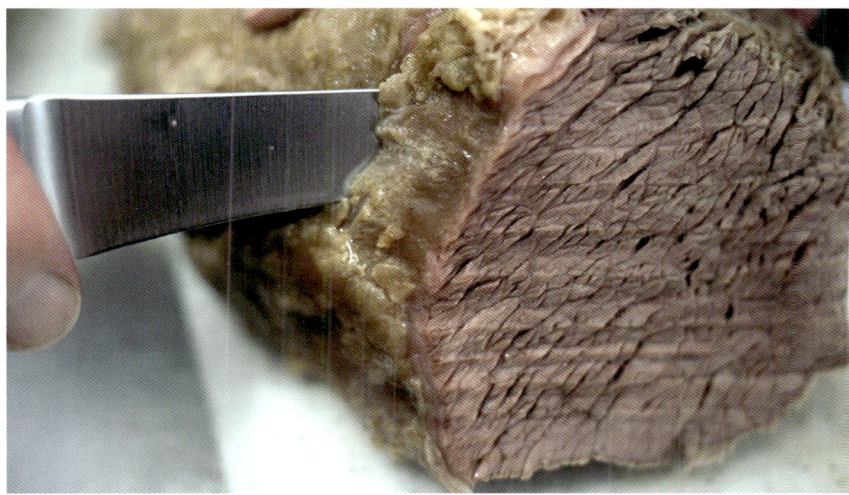

Ein Tafelspitz

Bioküche, die man schmeckt

Ob es nun an seiner Kochkunst oder an der Qualität der Bio-Lebensmittel liegen mag, Vertrautes schmeckt bei Joachim Ortlieb oft einen Tick intensiver als gewohnt. Der wunderbare Tafelspitz zum Beispiel, er ist saftig und kräftig im Geschmack, dabei aber fester vom Fleisch als üblich (18,90 Euro). Eindeutige und klare Gerichte stehen auf der Karte: Blattsalat mit Leinölvinaigrette (6,90 Euro), eine Kräuterbratwurst mit Brägele (11,90 Euro), das Schnitzel mit Kartoffel- und Blattsalat (11,50 Euro) oder eine geschmorte Entenkeule (16,80 Euro). Die Karte wechselt nach Saison. Den köstlichen karamelisierten Apfelpfannkuchen darf man sich nicht entgehen lassen (6,80 Euro).

Kinder willkommen

Kinder bis zu drei Jahren essen kostenlos. Bis sie sechs sind, haben sie freie Wahl aus der Karte für 6 Euro, bis zu zehn Jahren kostet es pauschal 8 Euro. Danach wird es ernst.

Am Felsenkeller

Albert-Hugard-Straße 47
79219 Staufen
07633-6285
www.am-felsenkeller.de

Mi bis Sa ab 17.30 Uhr
So 11.30 – 14.30 & ab 17.30 Uhr

Inhaltsverzeichnis nach Themen

Cafés und Süßes

Badische Küche & Crossover

Italienische Küche

Französische Küche

Spanische Küche

Griechische Küche

Asiatische & orientalische Küche

Afrikanische Küche

Kneipen

Bars

WLAN für Gäste

Raucherkneipen oder separater Raucherraum

Alphabetisches Inhaltsverzeichnis

Notizen

Notizen

Notizen

Notizen

Nachbemerkung

Ein Teil der Texte basiert auf meinen für das Onlineportal Fudder.de geschriebenen Beiträgen für die Reihe ‚Verborgene Theken', ein anderer Teil auf meinen Beiträgen für das Regio-Magazin, wieder andere sind völlig neu verfasst.

Danken möchte ich Britta Baumann, Daniel Brenner, Ruth Geisenfelder, Markus Hemmerich, Angelika Kraut und Martina Moog für wertvolle Tipps und vielfältige Unterstützung bei der Konzeption und Realisierung des Buches.

Ein besonderer Dank geht an Susanne Hartmann und Frank Schleich von mediamachine für kreativen Input bei der Gestaltung.

www.mediamachine.de

Dank auch an die Bildagentur plainpicture für die freundliche Überlassung meiner Agentur-Fotos.

www.plainpicture.de

Stephan Elsemann, im Juli 2015

Stephan Elsemann

Der Autor lebt seit 1980 in Freiburg. Stephan Elsemann schreibt und fotografiert für regionale und überregionale Zeitungen und Zeitschriften. Mitglied der Bildagentur Plainpicture. Seine Schwerpunkte sind Alltagskultur und Kulinarisches. Ebenfalls von ihm erschienen: Warenwelt – Entdeckungen in Freiburger Geschäften.